LE
VIRGILE
trauefty
de
M.ᵉ SCARON

I. C. in et fc.

A Paris Chez Touffainct Quinet Au Palais 1648   Auec Priuilege du R.

LE
VIRGILE
TRAVESTY
EN VERS
BVRLESQVES,
De Monsieur SCARRON.

LIVRE CINQVIESME.

A PARIS,

Chez GVILLAVME DE LVYNE, Libraire
Iuré au Palais, dans la Salle des Merciers,
à la Iustice.

M. DC. LV.
AVEC PRIVILEGE DV ROY.

A MONSIEVR

DESLANDES
PAYEN

CONSEILLER EN
PARLEMENT DE LA GRANDE
CHAMBRE, PRIEVR DE LA CHARITE' SVR
LOIRE, ET ABBE' DV MONT S. MARTIN, &c.

ONSIEVR,

Puis que les Epiſtres liminai-
res, ſont la pluſpart longues &
ennuyeuſes, & que ces gros eſcadrons de bel-

ã iij

les paroles, dont elles font compofées, ne
paroiffent fur le papier que pour faire aduoüer
de gré ou de force à ceux à qui on les addreffe,
que l'on eft leur tres-humble feruiteur ; vous
ferez fort bien dés icy de ne paffer pas plus
outre à la lecture de la mienne , peut-eftre
qu'elle fera longue, & que me laiffant empor-
ter au plaifir de vous entretenir,ie ne craindray
point de vous ennuyer, pourveu que ie me
fatisface : En lifant donc feulement la conclufion de mon Epiftre vous eftes difpenfé de
tout ce qui la precede, & de cette conclufion
mefme, pourveu que vous me faffiez l'honneur
de la croire. Quand ie deurois paffer pour vn
jureur, il faut que ie vous jure par Apollon,
les neuf Mufes, & tout ce qu'il y-a de venerable fur le Sacré Coupeau, que vous eftes vne
des perfonnes du monde que i'eftime le plus;
je ne penfe pas vous en donner des preuues
bien affurées, en vous dediant mon liure,car
par le mefme ferment que ie vien de faire, ie
fuis preft de figner deuant qui l'on voudra,que
tout le papier que i'employe à écrire, eft autant
de papier gafté,& qu'on auroit droit de me de-
mãder, auffi bien qu'à l'Ariofte,où ie prens tant

de coyõneries: Tous ces traueftiffements de liures & de mon Virgille tout le premier ne font
pas autre chofe que des coyonneries, & c'eft
vn mauuais augure pour ces compilateurs de
mots de gueule, tant ceux qui fe font jettez fur
Virgile & fur moy, côme fur vn pauure chien
qui ronge vn os, que les autres qui s'addon-
nent à ce genre d'efcrire là, comme au plus aifé,
c'eft dis-je vn tres-mauuais augure pour ces
tres Burlables Burlefques, que cette année qui
en a efté fertile, & peut-eftre autant incommo-
dée que de Hannetons, ne l'a pas efté en Bled:
Peut-eftre que les beaux efprits qui font gagez
pour tenir noftre langue faine & nette, y don-
neront ordre, & que la punition du premier
mauuais plaifant qui fera atteint & conuaincu
d'eftre Burlefque Relaps, & comme tel con-
damné à trauailler le refte de fa vie pour le
Pont-Neuf, diffipera le fâcheux orage de Burlefque qui menace l'Empire d'Apollon: Pour
moy ie fuis tout preft d'abjurer vn ftille qui a
gafté tant de monde: & fans le commandement
expres d'vne perfonne de condition, qui a toute forte de pouuoir fur moy, ie laifferois le Virgile à ceux qui en ont tant d'enuie, & me tien-

drois à mon infructueuſe charge de malade,
qui n'eſt que trop capable d'exercer vn homme
entier. Ie me repreſente quelque Lecteur judi-
cieux, qui ſe dit à ſoy-meſme, ou à d'autres, que
i'ay donc grand tort de vous faire vn ſi mauuais preſent, & de vous importuner d'vne De-
dicace: C'eſt à mon grand regret que l'entou-
ſiaſme m'a pris, en meſme temps que le ruma-
tiſme, que ie ſuis reduit à faire des Vers pour
n'eſtre pas capable d'autre choſe en l'eſtat où
ie ſuis, & qu'il faut que mes amis ſe ſentent
des incommoditez qui viennent de la connoiſ-
ſance des Poëtes. Hé bien Monſieur? ne m'en
eſtois je pas bien douté? que ie me laiſſerois aller
au plaiſir de vous entretenir, & que mon Epiſtre
ſeroit bien longue; elle le ſeroit bien d'auantage, ſi ie la voulois remplir des belles actions,
qui rendent voſtre vie illuſtre, mais quand on
penſe vous louer, on vous mortifie, & voſtre
modeſtie en patiroit : Ie luy fais donc grace de
deux ou trois feuilles de papier, que ie pour-
rois employer à vos loüanges, auſſi bien on
ſçait chez le Barbare, & chez le Romain, auſſi
bien que chez le François, ce que vous auez
fait, & ce que vous eſtes capable de faire: Ie
finis

finis donc enfin mon Epiſtre, vous conjurant
encore vn coup de croire, qu'il n'y a rien de
plus vray au monde que ce qui eſt eſcrit au bas
de la page ; Ce ſont cinq mots dont l'original
eſt ſigné de ma main ; par leſquelles ie vous pro-
teſte, que ie ſuis de toute mon ame,

MONSIEVR,

Voſtre tres - humble &
tres-obeïſſant ſeruiteur,

SCARRON.

Extrait du Priuilege du Roy.

PAR grace & Priuilege du Roy, DONNE' à
Paris le huitiéme jour de Ianvier 1648. Signé,
Par le Roy en son Conseil, BERAVD. Il est permis
au sieur SCARRON, de faire imprimer, vendre
& distribuer par tel Libraire ou Imprimeur qu'il ad-
uisera bon estre, *Le cinquiéme Liure de son Eneide de
Virgile Trauesty*, & ce durant l'espace de dix ans entiers,
à compter du jour que ledit cinquiéme Liure sera acheué d'imprimer : Et defenses sont faites à tous autres
de quelque condition qu'ils soient, d'en vendre ny
distribuer d'autre impression que de celle qu'aura fait
faire ledit sieur Scarron, ou de ceux qui auront droict
de luy, à peine de confiscation des Exemplaires, & de
trois mil liures d'amende, ainsi qu'il est plus ample-
ment porté dans l'Original.

*Et ledit sieur Scarron a cedé & transporté le present
Priuilege à Toussainct Quinet, pour en joüir suiuant
l'accord fait entr'eux.*

Acheué d'imprimer pour la premiere fois, le
dixiéme jour de Decembre mil six cens
quarante - neuf.

Les Exemplaires ont esté fournis.

LE
VIRGILE
TRAVESTY.

LIVRE CINQVIESME.

TANDIS que Didon l'on brusloit,
Messire Æneas s'en alloit
Poussé d'vn vent soufflant en poupe,
Ce qui plaisoit fort à sa troupe;
Laquelle redoutoit l'effort
Qu'vne Princesse aymant trop fort,
Pouuoit faire sur leurs personnes:
Faire de leurs femmes des Nonnes,

A

Faire d'eux des Moines chastreʒ,
Apres les auoir chapitreʒ,
Ce n'estoit pour eux que des roses,
Mais ils craignoient sur toutes choses
Qu'occire elle ne les voulut,
Apres quel mal point de salut.
Tandis qu'entr'eux ils en raisonnent
De leurs nefs, qui les flots sillonnent;
Carthage leur parut en feu:
Æneas n'eust pas donné peu
Pour en apprendre au vray la cause,
Il sçait bien ce qu'vne femme ose,
Quand elle a chaußé son bonnet,
Son procedé n'estoit pas net,
Et le bon Seigneur souuent pense
Qu'il luy doit plus que sa dépense;
Son esprit en a cent remors,
Et souuent reproche à son corps
Qu'il s'est monstré beaucoup fragile
Auec Dame vn peu trop facile.
Si-tost qu'il fut en pleine mer
L'air commença de s'enrhumer,
Et d'vn grand flux de pituite,
Et de grands coups de foudre en suite

Fit peur au troupeau Phrygien,
Chacun lors euſt donné ſon bien
Pour eſtre loin de la tempeſte,
Chacun ſouhaita d'eſtre beſte
Pluſtoſt que d'eſtre homme flottant,
Car flottant, & periclitant,
N'eſt quaſi qu'vne choſe meſme :
Palinurus la face bleſme
Prit en main ſon bonnet pointu,
Criant, A qui Diable en veux-tu ?
Neptune, Maiſtre des Baleines,
Souuerain des humides plaines,
Pourquoy les vents porte-ſoufflets
Appreſtent-ils leurs camoufflets
Pour troubler le repos de l'Onde ?
Ils ne ſont bons en ce bas monde
Qu'à faire perir des vaiſſeaux,
A faire tomber des chapeaux,
Et remplir les yeux de pouſſiere ;
Vrayment ils ne te craignent guere,
Et font auec peu de raiſon
Mal, les honneurs de ta maiſon.
Pourquoy combattre à toute outrance
Les amis de ta Reuerance,

4   LE VIRGILE

Gens pacifiques, gens de bien,
Et qui ne leur demandent rien:
Hé de grace, Seigneur Neptune,
Plus de calme, & moins de rancune.
Tandis que ces maux il laschoit
Æneas sa barbe arrachoit,
Se caffoit les dents de gourmades;
Et meurtriffoit de souffletades
Son visage de pleurs couuert.
Nous voila donc tous pris sans vert?
Cria-t'il au bon Palinure;
Oüy, respondit-il, ie vous iure
Quand Iuppin mesme le voudroit,
Tout Dieu qu'il est, il ne pourroit;
Nous conduisit-il en personne,
Par ce Diable de vent qui donne
Nous mener où nous pretendons
Faire mourir tant de dindons.
Quant à moy si l'on me veut croire,
Plustost qu'estre contraints de boire
Plus que nous n'auons de besoin,
La Sicile n'est pas trop loin,
Ou le braue Aceftes demeure,
Ie suis d'auis que toute à l'heure,

Sans lutter contre mer & vent,
Ce qui perd les gens bien souuent,
Nos vaisseaux y tournent les proües :
Æneas essuyant ses joües
De la manche de son pourpoint,
Car de mouchoir il n'auoit point,
Dit, Il faut croire le Pilote,
Car il voit bien que nostre flotte
Contre ces Demons inconstans,
Pourroit fort mal passer son temps ;
Pires que mauuaises haleines,
Vents, de vos injustes fredaines
Ie seray donc tousiours le but ?
Et comme vn homme de rebut,
La mer donc, tousiours sur ces costes
De mes Nefs brisera les costes ?
En Sicile donc de par Dieu
Il n'est point sur la terre vn lieu
Que plustost ie choisisse & prise,
Excepté la terre promise,
Que celle qu'Acestes regit,
Où feu mon pere Anchise gist,
Vieillard qui valoit vn ieune homme :
C'a donc amis trauaillons, comme

Doiuent trauailler gens de bien,
Noſtre trauail ne va pour rien,
Recommençons donc de plus belle.
Apres vne harangue telle,
Qui le monde contenta fort,
On entendit de bort en bort;
Sicile, Sicile, Sicile,
Toſt apres ſe découvrit l'Iſle,
Objet qui les fit rire tous,
Comme des perdus, ou des fous.
Aceſtes perſonne bien née
Ramonoit lors la cheminée,
Comme il eſtoit prés de hurler
Haut & bas, iuſqu'à s'égueuler
Aux Nefs, Banderolles, & Garbes,
Armes, habits, Troyennes barbes,
Il reconnut ſes bons amis;
Auſſi-toſt s'eſtant à bas mis,
Non ſans auoir deuant huée
La chanſon, de voix enroüée,
Il fut au port les receuoir:
Ils furent rauis de le voir.
D'vne peau d'Ours non entamée
Sa large échine eſtoit armée,

Et chaque main l'estoit d'vn dart,
Onc ne fut vn meilleur soudart:
Le colet fouppy d'accolades,
Et les bras froissez d'embrassades,
Enfin las à faire pitié,
Il cria, C'est trop de moitié;
Amis, moins de ceremonie,
Ou bien ie fausse compagnie;
Ainsi que le Seigneur voulut,
Chacun r'engaisna son salut,
Et ne se fit plus tant de Feste;
Et luy, se mettant à leur teste,
Ce qui ne fut pas laid à voir,
Il les mena vers son manoir,
Sa petite caze rustique,
Où sans beaucoup de Rhetorique
Il les receut à cœur ouuert:
Il mit luy-mesme le couuert,
Sa seruante Barbe appellée,
A la fontaine estant allée:
Ils repeurent tous à gogo,
Et puis apres firent dodo.
Æneas ayant fait vn somme
Legerement en honneste homme,

Si-tost qu'il vid le point du iour,
Il se saisit de son tambour,
Et puis en sonna l'assemblée ;
La troupe des Troyens troublée,
Car ils n'estoient point aduertis,
Autant les grands que les petits.
S'assemblerent demandans ; Qu'est-ce ?
A l'entour du Sonneur de quaisse
Qui leur tint, cessant de sonner,
Et n'entendant plus bourdonner,
Ce discours, ou bien vn semblable,
Monté sur vne haute table.
O mes fidelles compagnons,
Que i'ayme plus que mes roignons,
Qui de Pergame en cendres mise,
Vous estes sauueZ en chemise,
Pour estre par monts, & par vaux,
Participans de mes trauaux :
L'année est, me semble, accomplie,
Mal-heur que iamais ie n'oublie,
Depuis que la mort attrapa
Defunct Monseigneur mon Papa :
Ce iour pour moy si déplorable,
Et pour moy tousiours venerable,

Merite.

Merite bien vn bout de l'an,
Dans le Deſtroit de Magellan,
Chez le Scythe, chez le Tartare,
Chez le peuple le plus barbare,
Voire chez les Grecs, qui pour nous
Sont pires que Taupinambous ;
Enfin au milieu de Mycene,
M'en deuſſay-je trouuer en peine,
Ie celebrerois ce ſainct Iour :
Aujourd'huy que par vn bon tour
Que Dame Fortune me jouë,
Dont ma foy beaucoup ie me louë,
Nous ſommes par les vents pouſſez
Où nous auons ſes os laiſſez ;
Il faut que ie les ſolemniſe,
Preparons-nous-y ſans remiſe,
Prions les Dieux d'vn zele chaut
Que nous puiſſions trouuer bien-toſt
Cette terre tant deſirée,
Où retraite eſtant aſſeurée,
Et murs auec chaux & ciment
Eſleuez magnifiquement,
Tous les ans nous y puiſſions faire
Vn ſolemnel Anniuerſaire :

Acestes à chaque vaisseau
Donnera le pere d'vn veau,
Ou bien deux, si ie ne me trompe,
Demain à grand esclat & pompe
Vn Sacrifice l'on fera,
Où nos Dieux on inuitera,
Et ceux de mon compere Aceste,
Que chacun s'y rende bien leste,
Qu'on n'y fasse point les badins,
Qu'on n'y vienne point en gredins,
Ny les Dames en Martingalles,
En colets, & chemises salles,
Mais auec leurs plus beaux atours,
Que l'on ne porte qu'aux grands jours,
Verbi gratia, les Dimanches,
Et sur tout, des chemises blanches :
Et si le celeste Flambeau
Dans neuf iours paroist assez beau,
Pour croire que de la journée
Eau du Ciel ne sera donnée,
Je vous proposeray des jeux,
Où ie regaleray tous ceux
Qui remporteront l'aduantage.
J'entends, que le long de la plage

Nos Rameurs exercent leurs bras,
L'exercice des Fierabras
Sera le redoutable Ceste,
Pour la lutte, course, & le reste
Des jeux entre nous vsitez,
Aux vainqueurs seront presentez
Force joyaux & riches nippes,
Ie feray défoncer des pippes,
On y boira de cent façons,
On y chantera des chansons,
Sur tout, celle de grand guenippe,
Moy-mesme, à la main vne pippe
Ie boiray, ie petuneray,
Jusqu'aux gardes m'en donneray,
Car pour celebrer telle Feste
Ie considere peu ma teste;
Faites donc exclamation,
En signe d'approbation.
Alors se fit vne huée
Dont mainte aureille fut tuée,
Toute la Coste respondit
Au son que ce grand cry rendit:
Ayant fait signe de se taire,
Æneas n'entendit plus braire,

B ij

Et puis d'vn visage courtois,
L'estomach encore pantois
D'auoir crié comme les autres,
Il dit ; O camarades nostres,
C'est fort bien crié, Dieu mercy,
Puis ayant malgré luy toussy,
Car il auoit, s'il le faut dire,
Criaillé trop fort le beau sire ;
Mais par excez tout il faisoit ;
Dont bien souuent il luy cuisoit ;
D'ailleurs c'estoit vn fort braue homme,
Aussi bon qu'il en fut dans Rome :
(Or vous sçaueʒ que les Romains
Sont la fine fleur des humains,
Mais finissons la parenthese.)
Messire Æneas donc, bien aise
De voir ses gens gays & gaillards,
Leur dit quelques petits broquars
Dont auroit pû rire vne souche,
Puis pour leur faire bonne bouche,
Leur dit, Allez amis feaux
Couronner vos chefs de rameaux.
Pour faire honneur à feu mon pere,
Comme de l'arbre de ma mere,

De *Laurier, arbre touſiours vert ,*
Vous m'allez voir le chef couuert :
Cela dit, ſur ſa cheuelure
L'Arbre d'immortelle verdure
Parut en chapeau façonné,
De meſme en fut chaperonné
Aceſtes, & le vieil Elyme
Au corps ſec, à l'eſprit ſublime,
Grand joüeur d'Eſchets, & Tarots,
Et qui pour guarir les ſurots,
Les malandres, farcin , auiues ,
Et pour prendre à la glus les griues,
Enfin toutes ſortes d'oyſeaux,
Sçauoit mille ſecrets nouueaux :
Autant en fit le ieune Aſcaigne ,
Lors veſtu d'habit de campagne,
C'eſtoit d'vn fort beau bourracan,
Que dans Carthage, en vn encan
Sa belle-mere pretenduë,
D'vne vieille nippe venduë,
(C'eſtoit certain cotillon gris)
Auoit acquis à fort bas prix,
Et pour faire la bonne mere ,
Donnée au fils, pour plaire au pere.

LE VIRGILE

Tous les ieunes Godelureaux
Se mirent aussi des Rameaux,
Chaque teste estant couronnée,
L'incomparable Maistre Ænée
Se mit à la teste d'eux tous,
Marchant sans ployer les genoux
Auec vne majesté telle
Qu'onc ne fut desmarche plus belle,
Onc ne fut vn Conuoy plus beau :
Estans arriuez au tombeau,
La douleur sur la face peinte,
Æneas fit apporter pinte
D'vn tres-excellent vin clairet,
Pris au plus prochain cabaret,
Et le respandit sans en boire
(Chose tres-difficile à croire)
En suite du sang, & du laict
Quatre fois plain vn gobelet,
Sema le lieu de fleurs nouuelles,
Et puis lascha paroles telles.
Bon jour de mon pere les os,
Qui prenez icy le repos,
Tandis que moy pauure homme triste,
Suiuy des mal-heurs à la piste,

Ie cours comme vn Bohemien,
Et traité comme vn pauure chien:
Si du terme de quelque année
De Madame la Deſtinée,
Vos iours euſſent eſté prolongez,
Vous nous euſſiez veu bien logez,
En la region d'Italie,
Que l'on nous proſne tant jolie,
D'où l'on dit que nos deſcendans
Battans les gens malgré leurs dents,
Comme ils voudront feront litiere
De la machine ronde entiere:
Mais le Dieu du Ciel n'a pas fait
Les choſes, ſelon mon ſouhait,
Sa ſaincte volonté ſoit faite:
Sur cette piteuſe entrefaite,
Vn fort grand vilain ſerpent vint
Qui fit frayeur à plus de vingt,
Æneas en euſt telle trance
Qu'il ne fit nulle reuerence,
Luy qui les donnoit à credit,
Meſme pour rien à ce qu'on dit.
Ce grand ſerpent long de deux aunes,
Tout parſemé de taches jaunes,

De *bleu*, *vert*, *gris*, *noir* *Zinzolin*,
Auoit le regard tres-malin ;
Il scandalisa par sa mine,
Et par sa face serpentine,
Et par de certains tordions
Qui causoient palpitations,
Les plus huppez de l'assemblée,
Qui sans doute eust esté troublée
Sans vne vision d'honneur
Qui dissipa toute leur peur :
Outre que le serpent fut sage,
Corps d'homme n'en receut outrage,
Au contraire il sourit au nez
Des pauures Troyens estonnez ;
Et Maistre Æneas pour luy rendre
(Comme il estoit homme fort tendre)
A tout ce que faire il voyoit :
Quand il voyoit rire, *il rioit*,
Et son visage de rosée
Auoit la peau toute arrousée,
Quand quelqu'vn deuant luy pleuroit ;
(Ce que personne ne croiroit)
Afin donc de luy faire feste,
Et ne le traiter pas de beste,

D'vn

D'vn visage tout radoucy
Æneas luy sousrit aussy;
Et le serpent sans rien respandre
Se mit adroitement à prendre
Sa part dans les oblations,
Puis refaisant ses tordions,
Et des couleurs de son eschine
De fin taffetas de la Chine,
Representant l'Arc bigarré
Dont le Ciel est souuent paré,
Serpentant sur son iaune ventre;
Le bon drosle de serpent r'entre,
Virgile ne dit pas par où,
Ie croy que ce fut par vn trou;
Mais soit par trou, fenestre, ou porte,
Fort peu, ce me semble, il importe:
Il suffit qu'estant délogé,
Ænée ayant vn peu songé
Et ruminé, si ce reptile
A lescher les plats si habile
Estoit valet d'Anchise, ou Dieu
De ce tant venerable lieu;
Il conclud enfin en sa teste,
(En attendant que de la beste

C

On sçeut la vraye extraction)
De faire en toute occasion
De nouueaux honneurs à son pere.
Il se fit vn visage austere:
Car en si funeste action,
On doit auoir l'ambition
De faire vne mine piteuse,
D'auoir la face bien pleureuse,
Ou lors qu'on ne peut larmoyer
Jl faut des pleureurs soudoyer.
Le voila donc en mine grise,
Qui derechef regale Anchise,
Il fait esgorger cinq brebis,
Cinq cochons gras & rebondis,
Et cinq genisses potelées,
Versa du sang par escuellées,
Du vin pour le moins plein vn seau;
Puis se panchant sur le tombeau,
Inuoqua l'ame de son pere,
Qui fut si sourd à sa priere,
Qu'à tout ce que le Seigneur dit,
Au Diable vn mot qu'il respondit.
Chacun des Troyens fit despense,
Plus, ou moins, selon sa puissance:

Apres force sang reſpandu,
Ils ſe mirent à corps perdu
A faire entr'eux tous la deſbauche,
Chacun beut à droiƈt & à gauche
A la ſanté de ſes amis,
Tout y fut en vſage mis ;
Æneas auec ſa ſageſſe
Pinta ſi bien, qu'il fit mainte eſſe,
Et meſme deux ou trois faux pas,
Alors qu'à la fin du repas
Il hazarda quelques gambades
Pour réjoüir ſes camarades ;
Puis en vn liƈt il ſe ſauua,
Où ſon vin à l'aiſe il cuua.
Le beau Phœbus Porte-lumiere
Enfin commença la carriere
Du neufiéme iour deſiré,
Le Ciel en parut tout doré
Iamais plus belle matinée
Ne promit plus belle journée,
Chacun vint des lieux d'alentour
Tant pour voir Aceſtes, que pour
Voir ces gens, dont la renommée
Par tout eſtoit ſi bien ſemée,

Qu'en ce temps-cy mesme il n'est nul
Qui ne trouue par son calcul,
Que de Troyen ou de Troyenne
Son pere ou sa mere ne vienne.
A grand donc, ou bien petit pas,
Lequel des deux, n'importe pas,
Tant de Villes que de Bourgades,
Pour voir les renommez Troades,
Vieillards, hommes, femmes, enfans,
En leurs beaux atours piaffans,
Se trouuerent sur le riuage;
Maistre Æneas faisant le sage;
(Car il faut bien couurir son jeu
Deuant les gens qu'on connoist peu,
Et bien faire la chattemitte:)
Fit apporter vne marmitte,
(C'estoit vn des prix destinez)
Deux pourpoints fort bien gallonez,
Moitié filet & moitié soye,
Vn sifflet contrefaisant l'oye,
Un engin pour casser des noix,
Vingt & quatre assiettes de bois,
Qu'Æneas allant au fourage
Auoit trouué dans le bagage

Du venerable Agamemnon :
Certain Autheur a dit que non,
Comptant la chose d'autre sorte,
Mais icy, fort peu nous importe :
Vne toque de Velours gras,
Vn engin à prendre des rats
Ouurage du grand Aristandre,
Qui sçauoit fort bien les rats prendre
En plus de cinquante façons,
Et mesme en donnoit des leçons:
Deux tasses d'estain émaillées,
Deux pantoufles desparellées,
Dont l'vne fut au grand Hestor,
Toutes deux de peau de Castor,
L'vne bleu Turquin, l'autre verte,
Et l'vne & l'autre d'or couuerte :
Vn Cistre dont Priam sonnoit
Quand la ioye au cœur luy venoit,
Et plusieurs autres nippes rares
Dont les ames les plus auares
Pourroient contenter leur desir,
Qu'Æneas auec grand plaisir,
Et d'vne ame fort liberale
Aux yeux de l'assemblée estale :

Puis âpres il tambourina,.
Prit vne Trompette, & sonna,
Tara, tara, tara, tantare,
En suite cria, Gare gare,
Iusqu'à se faire mal au cou,
(En quoy ie trouue qu'il fut fou.)
L'on fit place, l'on fit silence,
Maistre Æneas d'vne eloquence,
Que l'on ne sçauroit exprimer:
Il faut commencer par la mer,
Cria-t'il, parmy nos Galeres,
On choisira les plus legeres,
Le vainqueur qui commandera
Celle qui le prix gaignera,
Aura sa teste couronnée,
Sa vertu sera guerdonnée
D'vn present si bien estoffé,
Qu'on dira, qu'il est né coiffé.
Mnesteüs choisit la Baleine:
Cette illustre race Romaine
Des tant renommez Memmiens,
Si connus aux temps anciens,
Est venuë au grand bien de Rome,
De ces Troyens que ie vous nomme:

Nos DE MESMES en font auſſy
Deſcendus, chacun ſçait cecy,
A la gloire de noſtre France,
En qui l'on voit en concurrence
La Science, & la Probité,
L'Eſprit, la Generoſité,
Enfin les vertus Cardinales,
Peſle-meſle auec les Morales,
Donner à tous à deuiner
A qui l'on doit le prix donner:
Sur tout, ce Preſident ſans tache,
Le plus grand homme que ie ſçache,
De noſtre Paris l'ornement,
Et qui dans le Gouuernement
De noſtre Monarchie entiere,
Ietteroit bien de la pouſſiere
Aux yeux de certains grands Atlas,
Qui ſouuent plus foibles que las,
Sous le faix de noſtre Machine,
Sont contraints de ployer l'eſchine;
Cela veut dire en bon François,
Mais chut. En ce lieu ie preuois
Que quelque gauche Politique
Dira d'vn ton fort magnifique

Que l'Escriuain facecieux
S'il parloit peu parleroit mieux,
Si i'ay menty qu'on me punisse,
Si i'ay dit vray qu'on m'applaudisse.
Mais retournons à nos moutons,
Et succintement racontons,
Qui furent ceux qui commanderent
Les Galleres, qui disputerent
Le prix par Æneas donné.
Gias ieune homme fort bien né,
Fort adroit en ses exercices,
Et fort grand pescheur d'escreuisses,
Sur la chimere commanda
Aussi legere qu'vn dada.
Sergestus autre galland homme,
Duquel sont descendus à Rome
Les Sergiens gens pleins d'honneur,
Tesmoin Galba, le bon Seigneur,
Qui se rendit la teste chauue,
Parce qu'il auoit le poil fauue.
Ce Sergestus donc sus nommé
Eust vn vaisseau bien espalmé,
Plein de gens à l'eschine forte,
Qui le nom du Centaure porte;

Il inuenta le jeu de dez,
Et mangeoit les oyseaux bardez ;
Car alors si l'on me veut croire,
On ne parloit point de lardoire.
Cloantus autre bon garçon
Parut en vn blanc calleçon
Sur la Scylle, vne autre Gallere,
Comme les autres fort legere,
De cét ancien Cloantus
Est venu le sieur Cluentus.
Et ce sont là les seuls qui furent
Chefs des Galleres qui coururent.
On voit loin du bord vn escueil
Qu'on descouure aisément de l'œil :
A lors que la m r n'est pas sage,
Alors qu'elle boult, qu'elle enrage,
Cét escueil, moitié blanc & vert,
Des flots enflez est tout couuert,
Il a bien de l'air d'vn Theatre :
Quand la mer moins accariastre
Est retournée en son bon sens,
Les oyseaux en mer se sauffans ;
(Ce sont les Plongeons, ce me semble)
Viennent en grosse troupe ensemble

D

Y faire fouuent ſtation,
Co me auſſi conuerſation
Au des oyſeaux de marine :
Cét eſcueil a fort bonne mine ,
C'eſt pourquoy le Troyen le prit ,
(Comme il fait tout auec eſprit,)
Pour ſeruir de but aux Galleres ,
Qui ſur les campagnes ameres
Deuoient pour des riches joyaux
Faire ſuer maints alloyaux.
Æneas en tout fort habile ,
Voulut qu'on joüaſt à croix-pile ,
Pour ne voir point de meſcontans
Parmy les nobles conteſtans :
Les Galleres ayant pris la place,
L'ardeur auſſi bien que la glace
S'impatroniſa des eſprits ,
Les Patrons en habits de prix ,
Du haut de leurs poupes dorées ,
A leurs chiormes preparées ,
De ramer comme des Demons,
Firent cent beaux petits ſermons :
La froide crainte de ne faire
En ramant que l'eau toute claire

Fait qu'incessamment le cœur bat
Au Matelot comme au Forçat :
Nuds comme les enfans qui sortent
Des lieux, où les meres les portent,
Ayant bien vuidé le hanap,
Et tous huillez de pied en cap,
Les Forçais sur les bancs attendent
Que les Trompettes leur commandent
De ramer de teste & de cu,
Pour estre vainqueur ou vaincu :
Voila le signal qui se donne,
Voila la trompette qui sonne,
Et fait la coste retentir,
Ie les vois tous d'vn temps partir,
La mallepeste comme ils rament !
Comme les flots verds ils entament !
Comme ils hurlent, les foux qu'ils font,
L'espouuantable bruit qu'ils font,
Mon Dieu que leurs rames sont belles,
On diroit que ce sont des ailes,
Qui n'auroit point veu de vaisseaux
Diroit que ce sont des oyseaux.
Ie ne sçay rien qui mieux ressemble
A ces vaisseaux voguans ensemble,

D ij

Que quatre cheuaux accouplez,
Que coups de foüet redoublez,
Font courir de toute leur force,
Et le vert Cocher qui les force,
Rassemble aux Chefs encourageans
Leurs Rameurs d'estre diligens.
Encore vne fois, comme ils rament!
Comme l'eau sallée ils entament!
Les voila qui voguent de front.
Voyez-en vn qui l'ordre rompt,
Et qui deuance tous les autres,
Celuy là dit ses Patenostres:
Rame, rame, tu feras mieux,
Rame, & tu plairas aux bons Dieux,
Qui veulent que l'on s'euertuë,
Ie veux que la fievre me tuë
Si dans Marseille il y en a
Qui rament comme ces gens-là.
Les spectateurs d'vn œil auide
Regardent, & rament à vuide,
Tant est forte l'impression
Que leur fait l'inclination:
Le bruit des regardans qui crient,
Et qui pour leurs bons amis prient,

Retentit aux lieux d'alentour,
L'Echo fait du bruit à son tour,
Et respond au mot de courage,
Tantost courage, & tantost rage,
Selon que celuy qui le dit
Chez l'Echo trouue du credit.
Gias songeant à son affaire
Auec ces gens sceut si bien faire,
Qu'entre les autres il passa,
Et de beaucoup les deuança :
De prés le suit le sieur Cloante,
Dont la Gallere est plus pesante,
Mais aussi de Rameurs plus fort :
Apres eux de pareil effort
Le grand Centaure & la Baleine
Voguent de Carene en Carene,
Tantost l'vne prend le deuant,
Puis l'autre, qui la va suiuant,
De suiuante deuient suiuie,
Et toutes de pareille enuie,
Non pas auec pareil succez,
Courent au gain de leur procez :
Desia ces amis aduersaires
D'ailleurs hommes tres-debonnaires

Voyans qu'ils approchoient le but ,
S'entre-regardoient , comme au Rut;
Les gros Marcous s'entre-regardent,
Où de leurs griffes ils se lardent,
Chacun en son cœur souhaitoit
Que la Gallere qui portoit
Chaque pretendant & sa bande
Allast où le Diable commande
Ou du moins au fonds de la Mer:
Chacun se tuoit de ramer.
Gias qui croit que son Pilote ,
Comme vn vieil fou qu'il est radote
De ce qu'en mer il s'eslargit,
Aussi fort qu'vn Lion rugit,
Et s'escrie, escumant de rage ,
Serre, serre donc le riuage
Fils de putain de Menetus ,
Serre, ou bien nous sommes victus
Serre donc, serre à la pareille :
Menetus fait la sourde oreille,
Et s'esloigne tousiours du bort,
Et si pourtant il n'a pas tort.
Habile qu'il est il redoute
Certains rocs , où l'on ne voit goute

Qui pourroient bien en son Vaisseau
Introduire vn deluge d'eau :
Lors Gias se met en furie,
Et derechef crie & recrie,
Vieil coyon, Pilote enragé,
Mes ennemis t'ont-ils gagé
Pour m'oster l'honneur de la sorte ?
Serre, ou que le Diable t'emporte,
Serre le bord, ame de chien :
Mais au Diable s'il en fait rien.
Et lors pour l'acheuer de peindre
Cloantus est prest de l'atteindre,
Qui s'estoit finement glissé
Entre le riuage laissé,
Et la Nef en Mer eslargie,
Lors Gias la face rougie,
Car grosse colere y monta,
Contre Menetus s'emporta
Et sans songer si la colere
Est chose de grand vitupere,
Et qu'vn acte sale il faisoit,
Tant la rage le maistrisoit,
Il trauersa de pouppe en proüe
Faisant vne tres-laide moüe,

Et prenant son homme au colet
Comme vn Milan fait vn Poulet,
Il le ietta teste premiere
Vn peu pis que dans la riuiere,
Et ce tant inciuilement,
Que ce fut sans vn compliment,
Qui la chose eut fort adoucie,
Mais alors il ne se soucie
Que de regaigner le deuant,
Sur Cloantus qu'il va suiuant.
Il prend le Gouuernail luy-mesme,
Enragé, le visage blesme,
Exhortant ses gens à ramer.
Cependant du fonds de la Mer
Qu'il auoit de ses bras couppée,
L'ayant assez belle eschappée,
Menetus reuint dessus l'eau,
Chaque poil faisant vn ruisseau,
Renfroigné comme vn chien qui grode
De ses bras pellus il fend l'onde,
Et fait tant qu'il se vient iucher
Sur le haut d'vn petit rocher :
Dieu sçait si la belle assemblée
Que sa cheute auoit bien troublée

Se

Se mit à rire de bon cœur
Quand elle vit qu'à son honneur,
Assis sur le cul comme un Singe
Il tordoit sa barbe & son linge,
Et vomissoit les flots sallez
Trop auidement auallez.
Lors reuint l'esperance entiere
A ceux qui tenoient le deriere
D'auoir aussi part au gasteau,
Sergestus poussant son Vaisseau
Sur Mnesteüs eut auantage,
Qui de tout son cœur en enrage,
Il court le long de son Coursier
Et s'esgosille de crier ,
Voila de beaux rameurs de merde
Il faut donc que le prix ie perde ?
Ma foy , si vous estiez encor
Compagnons de deffunt Hector ,
Il vous traitteroit de gauaches,
Vous me faisiez tant les brauaches
Et vous ne trauaillez non plus ,
Que gens de leurs membres perclus,
Et qui m'a donné ces pagnottes ,
Auec leurs bras de cheuenottes,

Coursier
de galere.

E

Sont ce ceux qui ramoient si bien
Le long du bord Getulien,
Dans la rude Mer d'Ionie,
O gens de bien, par Ironie !
Vous n'estes rien, en bon François,
Que gens qui meritez du bois :
Ramez donc, & de bonne sorte,
Ou que le Diable vous emporte,
Et m'emporte moy-mesme aussy
D'auoir gens faits comme ceux-cy.
Pour le premier prix passe encore ;
Mais comme vne lourde pecore
Arriuer au but le dernier,
Ha ! c'est assez pour resnier.
Ie n'ay garde, ô Sire Neptune,
De porter aucune rancune
A celuy qui sera vainqueur,
I'y consens & de tout mon cœur.
Tu peux bien à ta fantaisie
Faire à qui tu veux courtoisie ;
Mais pourtant si c'estoit à moy
I'oserois bien iurer ma foy,
Que ton Altesse Maritime
De mon present feroit estime :

Mais au moins, grand Dieu Marinier,
Que ie ne sois pas le dernier :
C'est à vous Madame Chiorme
D'empescher cét affront enorme ;
Ramez donc comme gens de bien,
Ou tout est, vous m'entendez bien.
A cette harangue energique
Chacun de bien ramer se pique ;
En moins de rien tous ces truans
De secs deuindrent tous suans,
Et si fort leur grossit l'haleine,
Qu'ils ne respiroient plus qu'à peine:
La Chiorme fit grand effort,
Qui s'en fut plaint eut eu grand tort :
Ce que voyant Messer Sergeste
Il voulut ioüer de son reste,
Et se couler le long du Roc
Sa Gallere aussi-tost fit, coc
Et puis crac., le bout de la proüe
Se fracasse tout, & s'eschoüe:
On entendit auec effroy
Hurler vn, Dieu soit auec moy ;
Plus de vingt rames se casserent,
Deux cens hommes se renuerserent

E ij

Comme quilles qui ça qui la
En vn mot tout fort mal alla.
La Gallere fort entamée
De ses Auirons desarmée
S'embarassa dans les Rochers,
Et les Forçats, & les Nochers
Auec grandes perches ferrées
De leurs rames defigurées
Taschoient de pescher les morceaux
Qui flottoient brisez sur les Eaux.
Autant & plus que vent en pouppe
A Mnesteus comme à sa trouppe
Cét accident vint à propos,
D'esprit, & de corps, fait dispos
Il fit trois pas de Sarabande,
Pour resiouir toute sa bande
Laquelle à force de ramer
Fendit si prestement la mer
Qu'on l'eust alors bien comparée
A quelque Colombe effarée,
Quand du lieu d'où sont ses petits
Ses aisles faisant cliquetis
Aussi viste qu'vne sagette
Pour quelque rumeur qu'on a faite

Elle fend le cristail de l'air,
Et puis sans ses aisles branler
Sur l'vne &/ sur l'autre estenduë,
En l'air à gogo suspenduë,
On la voit pourtant auancer
Plus quasi qu'on ne peut penser.
Mnesteüs donc, en sa baleine
D'abord du but la plus lointaine
Voyant Sergestus eschoüé
Cria, le bon Dieu soit loüé
Et le laissa bien loin derriere
Faisant non pas quelque priere
Mais des iuremens de Chartier
Ou si l'on veut de Brelandier.
Tandis que Messire Sergeste
Contre Messire Destin peste
Mnesteüs attrapa Gias
Et luy dit, qu'est-ce que tu as?
Et qu'as-tu fait de ton Pilotte!
Faut il qu'vn homme ainsi sanglotte?
Acela point ne repartit
Gias, qui de rage glatit
Dans sa Nef qui nage sans guide
Et ressemble vn Cheual sans bride.

Puis de Cloante il approcha,
Ce qui grandement le fafcha,
Vogua quelque temps à fa crouppe,
De fa proüe, efgalla fa pouppe,
Puis apres en tout l'efgalla,
Et lors le Diable s'en mefla;
Chacun lors à fon aduerfaire
Fit vn fouhait peu debonnaire.
Le miferable Cloantus
De victor *deuenu* victus,
Ne pouuoit prendre patience :
L'autre plus d'heur que de fcience
L'auoit à la fin attrappé:
R'enfroigné comme vn conftippé
Il dit à fes gens force injures
En vne autre faifon bien dures;
Mais d'vn homme d'ire embrasé
Tout fut aifement excusé;
L'efperance reffufcitée
Du pauure Diable de Mneftée
Emporta de tous la faueur;
On fit fur luy grande clameur
Afin de luy donner courage;
Meffire Cloantus enrage

De cet impreueu pretendant,
Et vers la mer les bras tendant
Il fit, si i'ay bonne memoire,
Cette oraison iaculatoire ;
Bons Dieux qui dans la mer logez,
Souuent les Vaisseaux soulagez
Quand ils sont trop chargés de hardes;
Qui portans escailles pour hardes
Estes bien souuent attellez
Au char du Roy des Flots sallez,
Et qui souuent, Dieux debonnaires,
Poussez par le cû les Galleres
Quand leur cours n'est pas plus hasté
Qu'vn long Traineau de bois-flotté:
Si de lamienne retardée
La course par vous est aydée,
Si i'atteins le but souhaitté
Par l'effect de vostre bonté,
Vn bœuf sera la recompense
De vostre diuine assistance,
Et pour vous chatoüiller le goust,
Car vous aymez bien le ragoust,
Les chairs seront en estouffade,
Les entraillades à la poivrade,

Et pour vous traitter en mignons,
I'y mesleray des champignons;
De plus vn present magnifique
De vin Grec assez energique
Pour faire parler des Poissons,
La somme de quatre poinçons :
Cette promesse qui les touche
Leur fait venir l'eau à la bouche;
Toutes les Deïtez de l'Eau
S'empressans au tour du Vaisseau,
Firent &/ bien tost & bien viste
Arriuer Cloantus au giste,
Les Dieux qui luy firent ce bien,
Sont ceux cy si ie m'en souuien,
Les Phorques Dames tres humides
Panopée & les Nereïdes,
Et l'aquatique Palemon
Qui fait grand traffic de limon,
Poussans & de cul & de teste
Les Dieux bleus au corps demy beste
Mirent Cloantus dans le Port,
Ce qui les resiouit bien fort,
Le venerable Maistre Ænée
Voyant l'affaire terminée ,

Fit

Fit appeller les concurrens,
Et les reçeut selon leurs rangs ;
Jl fit vne harangue à Cloante
Que l'on trouua fort elegante ,
Par vn vilain petit Heraut:
Et qui pourtant crioit bien haut:
Jl fit publier sa victoire ,
Et puis pour le combler de gloire
De Laurier sa teste coëffa,
Puis apres il desagraffa
Son pourpoint, & de son aisselle
Tira sa feconde escarcelle ,
Et fit present aux Mariniers
A chacun de quatre deniers ;
Deffonça trois tonnes de biere ,
Et pour leur faire chere entiere
Fit esgorger trois ieunes bœufs
Et faire des gasteaux aux œufs.
D'vne Casaque bien bordée,
Icy Meandre & Melibée
Donnent quelque confusion
A moy qui fais la version:
D'vne Casaque donc fort riche,
Grand signe qu'il n'estoit pas chiche.

F

Cloantus il remunera,
Qui, dit-on, de joye en pleura.
Cette Casaque represente
L'histoire fascheuse, ou plaisante,
De Ganimedes qu'ayma tant
Le Dieu du Ciel foudripetant.
On voyoit là ce jeune drosle,
La Hallebarde sur l'espaule,
Qui suiuoit & n'attrapoit pas
Vn Cerf qui fuyoit à grand pas.
Comme il poursuit ainsi sa beste,
Vn Aigle qui vient à sa queste
Le prend, sans beaucoup de respect,
Auec ses griffes & son bec.
Des gens destinez pour sa garde,
L'vn ramasse sa Hallebarde,
Et ses compagnons à grands cris
Poursuiuent l'Oyseau qui l'a pris.
Son chien, appellé Gueule-noire,
Chien de fidelité notoire,
S'eslance en l'air auec chaleur
Apres ce grand vilain voleur,
Et quoy que son bien-aymé Maistre
Commence en l'air à disparoistre,

Et mesme ne paroisse plus;
Par des jappemens superflus,
Il fait voir l'ardeur de son Zelle,
Que le chien de Iean de Niuelle
Auprès de ce mastin de bien
Est vn abominable Chien.
Cuirasse de clouds d'or cloustée,
Fut le Guerdon du sieur Mnestée,
Couuerte de mailles d'acier,
L'ouurage, dit-on, d'vn Sorcier :
Elle fut jadis la Cuirasse,
D'vn grand Capitaine fracasse,
D'vn Grec nommé Demoleon,
Tout couuert de poil de Lion,
Qu'Æneas tua pres de Xante :
Au reste elle estoit si pesante,
Que Phegeus & Sagaris
Pour rien n'eussent pas entrepris
De la porter tous deux ensemble;
Vous ne sçauez pas, ce me semble,
Qui sont ces gens nommez ainsi,
Ie ne le sçay pas bien aussy :
Suffit quoy qu'elle fut si lourde,
Et cecy n'est point vne bourde,

Que quand il en eſtoit armé,
Ce grand homme que i'ay nommé,
Il couroit pourtant comme vn Liévre
Aux Phrigiens donnoit la fiévre,
N'en eſtant pas plus empeſché
Que de quelque petit peché.
De plus il donna deux chaudieres,
Quelques vns ont dit deux aiguieres
Et deux gondolles de Laitton
De la valleur d'vn Ducaton.
En cét endroit maiſtre Virgille
Des Poëtes le plus habile,
Ne nous fait point ſçauoir qui fut
Celuy qui ces beaux preſens eut,
Si ce fut Gias ou quelque autre,
Mais il y va fort peu du noſtre :
Tant y-a qu'en fort bel arroy
Faiſans tous bien du quant à moy,
Sur le riuage ils promenerent
Les beaux preſens qu'ils remporterent,
Et s'y promenerent auſſi,
Cela ſe doit entendre ainſi,
Tandis qu'ils font leurs caracolles,
Faiſans grand dégaſt de parolles

Et racontans leurs beaux exploicts,
Disans vne chose deux fois.
On vit de loin le sieur Sergeste,
Du peu de rames qui luy reste
De cét inconsideré choc
Qu'il auoit eu contre le Roc,
Taschant d'amener sa Gallere
Où l'on ne voyoit que misere.
Dans ce Vaisseau tout disloqué
Mordant ses doigts d'auoir choqué,
Et non tant fasché de sa perte
Que de la vergoigne soufferte;
Il prit sans honte & sans remors
Par tous les endroits de son corps,
Plus de cent fois le Dieu de l'Onde
Au grand scandale de son monde:
Du pauure Nauire eschoüé,
Vn grand vilain serpent roüé
De quelque pesante charrette,
Est la comparaison bien faite :
Ou bien quand par quelque passant
D'vn coup de baston fracassant,
Sa personne peu respectée
Est vn peu rudement traittée;

Si que l'espine de son dos
A receu dommage en ses os ,
Il se traisne à peine sur l'herbe
De la moitié du corps superbe ,
De l'autre tres-mortifié ,
Ou pour mieux dire estropié :
Ainsi la Gallere entamée
En quelque endroit assez armée ;
En quelque autre au lieu d'auirons
Estant comme les vaisseaux ronds ,
Sans rames, qui luy seruent d'aisles,
Auec des perches telles quelles ,
Au lieu de voguer gayement
Se traisne en mer languissement :
Enfin employant quelques voilles,
Grace à l'inuention des toilles ,
Elle aborda comme elle pût
Le riuage qui la receut.
Pour adoucir sa fascherie ,
D'une seruante bien nourrie ,
Qui nourrissoit en mesme temps
Deux garçons à l'enuy tettans ,
Il fut regallé par Ænée :
Cette seruante estoit bien née

Elle s'appelloit Pholoé,
Dont le nez, vn peu trop troüé,
Laiſſoit quaſi voir la ceruelle,
Quoy que Cretoiſe eſtoit fidelle;
D'vn viſage noir & graſſet,
Et ſentoit vn peu le gouſſet;
Elle joüoit de l'eſpinette,
Manioit bien la caſtaignette,
Rempliſſoit bien le paſſement,
Et donnoit bien vn lauement.
Æneas quittant la Marine,
Vers vn champ vny s'achemine,
Enuironné de coſtaux vers,
Et ces coſtaux d'arbres couuers,
Eſtoient à peu pres la figure
D'vn grand Cirque d'architecture:
Là ſur vn gros billot aſſis,
Il prononça de ſens raſſis,
S'il eſt vray que ie m'en ſouuienne,
Ces mots en langue Phrygienne:
O! mes bien-aymez, aſſiſtans,
O! vous Meſſieurs qui m'eſcoutans,
N'eſcoutez pas grandes merueilles,
Ouurez de grace vos aureilles;

Quiconque de vous veut courir,
Et veut vn beau prix acquerir,
Qu'il se presente à la bonne-heure,
En vne occasion meilleure,
Ny pour amasser plus d'honneur,
Les iambes qu'il eut du Seigneur
Ne peuuent estre employées:
Çà, çà, donc casaques ployèes,
Vienne quiconque à bon jarret
Le tesmoigner en ce gueret,
Et de sa semele legere
Nous emplir les yeux de poußiere,
Tant Sicilien qu'estranger,
Il suffira d'estre leger
Pour pouuoir entrer en la lice,
Rien par faueur, tout par iustice:
Pour les plus escarbillars, i'ay,
Ce que les rats n'ont pas mangé.
A cette efficace promesse,
Sortit du milieu de la presse
Euryale, vn fort beau garçon
Couuert d'vn simple calleçon.
Apres luy parut Monsieur Nise
Couuert de sa seule chemise,

De

De cét Euryalus nommé
Defmefurément enflammé,
Mais dont l'on ne pouuoit rien dire,
Et puis Diores vn beau Sire,
Du fang royal de Priamus,
Le Sicilien Helymus,
Et Panopes fon camarade
Prifez tous deux pour la gambade,
Et jeux de difpofition,
D'Aceftes l'inclination,
Qui l'accompagnoient à la chaffe,
Et qui chaffoient tous deux de race;
J'oubliois Salie & Patron,
Dont l'vn, à ce que dit Maron,
Eftoit iffu d'Acarnanie,
Et l'autre venoit d'Arcadie.
Maron n'efclaircit pas trop bien
Qui des deux eft l'Arcadien,
Et qui vient de l'Acarnanie,
Et Scarron fort peu s'en foucie:
Il fuffit que tels qu'ils eftoient,
Du fang Tegæan ils fortoient:
Plufieurs autres fe prefenterent,
Lefquels feulement fe lafferent,

Et deſpenſerent force pas ,
Ie ne les nommeray donc pas:
Deſchargez de ventre , & de croupe,
Ces beaux coureurs vindrent en trouppe
Se planter, bien déliberez ,
Et de leur viſteſſe aſſeurez ,
Deuant le braue fils d'Anchiſe ,
Dont la perſonne eſtoit aſſiſe
Sur vn billot en vn lieu haut ,
Comme ie vous ay dit tantoſt ,
D'où , par le moyen de ſa langue
Il fit ouïr , cette harangue :
Qui de vous ne courra bien fort ,
Par feu mon pere aura grand tort ,
Car quand on court bien , on attrappe;
Pour vous faire mordre à la grappe ,
Eſcouttez ce que de bon cœur
Ie pretends donner au vainqueur :
Deux beaux Dards à la Gnoßienne ,
Dont les bois ne ſont pas d'Ebene ,
Vne pertuiſanne de fer ,
Qu'on peut richement eſtoffer
Si l'on y veut faire deſpenſe
De la façon que ie le penſe :

Ces prefens en commun feront
Pour ceux, qui les difputeront ;
Aux trois plus viftes , ie d'eftine
Vn cheual de fort bonne mine ,
Richement caparaffoné
D'vn Camelot pafle tané,
Qu'vn bord de cuir doré gallone ;
Plus vne trouffe d'Amazone ,
Ses flefches , & fon Baudrier ,
De la main d'vn bon ouurier ,
Sur lequel reluit vne perle
Auffi groffe que l'œil d'vn Merle ;
Plus vne fallade d'Argos ;
Prefens , qui valent trois lingots :
Puis, chacun criant fur eux, viue
Ils feront couronnez d'Oliue.
Chacun prit place, cela dit,
Le fignal donné, l'on partit
Au fon de la trompe enroüée,
Vous euffiez dit, vne nuée
Qui dans la lice s'effendit,
L'air effois fur eux fe rendit ,
La poudre de leur pieds efmeüe
Faifant fur leur tefte vne nüe ,

G ij

L'œil plus viste que le pied, fut
Dés le commencement, au but,
D'où, tacitement il exhorte
A courir, le pied qui le porte.
Nize les autres deuança,
Et derriere luy les laissa
Les poitrines toutes pantoises,
De la longueur de quatre toises :
Apres luy, mais loin de luy, court
Salius, qu'vn espace court,
Separé du jeune Euryale,
Qu'Helymus peu s'en faut esgalle,
A qui le dernier, Diores
Souuent bat les tallons, expres,
Et par malice, dans la fesse
Luy met le bout du pied sans cesse,
Et l'eust à la longue emporté
Sur luy, malgré sa primauté.
Nize estoit du but assez proche,
Quand il luy vint vne anicroche
Qui, voulsit ou nom, l'arresta,
Et sa belle course gasta,
Changeant toute son esperance
En vne sotte reuerence,

Qu'il fit, de son long estendu,
Sur du sang de bœuf respandu,
Troublé, comme vn Fondeur de cloche,
Quoy qu'il ne boitte, ny ne cloche,
Il voit que les prix destinez
Ne sont pas pourtant pour son Nez;
Mais perdant esperance & gloire,
Il ne perdit pas la memoire
D'Euryalus, qu'il adoroit;
Car comme Salius couroit
Saisissant sa jambe & sa guestre,
Si fort ses pieds il encheuestre,
Que du nez en terre il donna,
D'où se leuant, il ramena
Vn coup sur le muffle de Nize,
Qui, sans iamais quitter sa prise
Le mordit quatre fois au cü;
Ainsi, d'Euryale vaincu,
Et le cü marqué de morsures,
Tandis qu'à Nize il chante injures,
Et que Nize sans l'escouter
Ne songe qu'à bien l'arrester;
Le petit fripon d'Euryale
Viste comme le vent destale,

Et laiſſant l'autre renier
Arriue au but le fin premier,
Fauoriſé de la huée
De tous ceux, par qui fut louée,
De Nize la bonne action,
En ſigne d'aprobation,
Qui crioient, viue, viue, viue,
Helymus le ſecond arriue,
Et le troiſiéme, Diores,
Qui le tallonnoit de ſi pres,
Que de cette talonnerie
On penſa bien voir broüillerie ;
Lors Salius, auec grand cris
Se plaint qu'on luy volle le prix,
Allegue l'injuſte caſcade ;
Mais Euryalus perſuade,
Ne faiſant rien que larmoyer,
Qu'on ne peut ſans prix l'enuoyer ;
Et Diores, pour luy ſupplie,
Diſant, que s'il faut qu'à Salie
Soit octroyé le prix premier,
Qu'il ſe voit exclus du dernier.
Æneas des bons le modelle,
Leur dit, finiſſez la querelle

Vous ferez tous recompenfez,
Taifez vous, & vous embraffez.
D'vne peau de Lion entiere
Dont la Iube, faite en teftiere
Vn morion reprefentoit,
Et qui d'autant plus riche eftoit
Que chaque griffe eftoit dorée,
L'injuftice fut reparée,
Dont Salius fe plaignoit tant:
Et lors Nize, fe prefentant,
Et faifant remarquer la boüe
Qui depuis le haut de la joüe,
Iufqu'à la cheuille du pié
Le rendoit tout crotiffié,
Dit, On me deuroit recognoiftre,
Moy vainqueur, ou qui deuroit l'eftre,
Et qui n'ay ma courfe gafté,
Que pour auoir trop vifte efté:
Æneas fe mit à foufrire,
Et luy dit, refrenez voftre ire,
Vous ferez aufsi guerdonné
D'vn beau cafque damefquiné,
Remarquable pour fa doublure,
Pour fes plumes, pour fa graueure,

Ouurage de Didimaon :
A quoy Nize dit, Par Mahom
On le verra deſſus ma teſte
Chaque Dimanche, & chaque Feſte,
Meure , qui dira iamais mal
De grand Seigneur ſi liberal.
La courſe eſtant ainſi finie ,
Toute animoſité bannie ,
Et les coureurs guais , & contens :
Il ne faut point perdre de temps,
Dit Ænèe , empoigne le Ceſte ;
Quiconque aura du cœur de reſte ;
A quiconque s'y veut frotter,
Vn bœuf paré pour le tanter,
Sera le prix de la victoire ;
Vne eſpée à guaiſne d'yuoire,
Outre , vn fort iolly morion
Sera le prix du champion,
Qui par les coups de l'aduerſaire
Sera contraint enfin de faire ,
Signe de ſes deux bras laſſez
Qu'il en a trop, au moins aſſez.
Chacun eut grande retenuë
A voir le Ceſte, dont la veuë

Fit

Fit peur à ceux des regardans,
Qui n'estoient pas des plus fendans ;
Le grand Darés seul se presente,
Darés, à la taille Geante,
Qui seul, auec Pàris ioüoit
A ce ieu, qui les gens roüoit ;
Qui pour celebrer la memoire
Du vaillant Hector, eut la gloire
D'assommer pres de son tombeau
Butez aussi fort qu'vn Taureau,
Et tres expert en la gourmade.
Sans mensonge, ou bien par brauade,
(Car on ne l'à iamais bien sceu)
Ce Butez se disoit issu
D'Amiclus, grand brize machoire,
Et fort renommé dans l'histoire.
Darés s'estant donc presenté,
Plus d'vn cœur fut espouuanté
De veoir ses espaules ossues,
Ses bras, ou plustost ses massues ;
Outre que ce grand Goliat,
De son naturel vn grand fat,
Donnoit dans l'air mille gourmades,
Tiroit en l'air mille ruades,

H

Puis ayant bien frappé, rioit
Comme vn maiſtre fou qu'il eſtoit,
Criant çà, çà, que ie le rouë,
Que ie luy fracaſſe vne iouë,
Que ie luy creue vn œil ou deux;
Ce deſſi parut ſi hydeux
Qu'au Diable, s'il y vient perſonne,
Tant ce puiſſant, paillard eſtonne,
Et Troyens, & Siciliens,
Qui lors furent de grands vauriens.
Ne voyant perſonne paroiſtre,
Il ſe creut ayſément le maiſtre
Du Bœuf, qui peu ſe tourmentoit
De ſçauoir qui ſon maiſtre eſtoit,
(Telle eſtoit ſon indifferance)
Il eſtoit Bœuf de conſcience,
Qui laiſſoit les gens quereller
Sans iamais vouloir s'en meſler.
Darés prit cette douce beſte
Par les deux cornes de ſa teſte,
Criant, iuſqu'à s'en enrumer,
Qui veut donc ſe faire aſſommer:
Puis ſe tournant vers maiſtre Ænée,
Seray-ie toute la iournée

Dit il, attendant qu'vn groüin
Se faſſe eſcrazer à mon poing ;
Qu'on me mette quelqu'vn en teſte,
Ou bien que i'emmene la beſte,
Ie ſuis trop long-temps en ce lieu.
Qu'il ait le Bœuf, au nom de Dieu,
Qu'il en faſſe des choux, des raues,
(Diſoient quelques vns des plus braues)
Vn peu contre luy mutinez,
D'auoir, pour luy, ſaigné du neʒ.
Aceſtes de rage en trepigne,
Et dans ſon courage, rechigne
Du Bœuf trop aiſément gaigné:
Il s'en alla tout indigné
Accoſter le vieillard Entelle,
Qui couché ſur vne banſelle,
Pour Darés, & ſa vanité,
Moins froid, n'en auoit pas eſté:
Il luy dit, Te voila bien ſage,
Et qu'eſt deuenu ton courage ?
Toy, qui de tes deux poings fermez
A tant de ruſtres aſſommeʒ ;
Ayant eſté le camarade
Du plus vaillant en la gourmade,

Qu'on ait veu iamais en ce lieu,
Qui mesme en est le demy-dieu,
D'Erix, au redoutable Ceste
Si peu de courage il te reste ;
Que ce grand vilain mal basty
A tes yeux du prix est nanty ;
Et n'as tu pas quelque vergongne
D'estre estendu comme vn yurogne
Quand Dares à toy comme à nous,
Fait redouter ses pesans coups :
Que deuiendra ta renommée
Par toute nostre Isle semée,
Les prix à ton plancher pendus,
Pour les combats par toy rendus ?
Entellus dit, Ta remonstrance
N'est pas certes sans apparence,
Mais ce n'est pas faute de cœur
Que ie laisse Darés Vainqueur,
La vieillesse froide & pesante
M'a rendu l'ame indifferente
Et pour le bien, & pour l'honneur ;
Si j'auois ma jeune vigueur
Ce Fanfaron, qui fait le rogue
Qui jappe apres nous comme vn Dogue,

De mille coups de poings farcy
Seroit veu me crier mercy;
Et sans espoir de Bœuf, ou Vache,
(Lasche motif de tout gauache)
De la seule gloire animé,
Ie l'aurois desia bien gourmé :
Et qu'ainsi ne soit, Maistre Aceste,
Du peu de force qui me reste,
Il ne tiendra qu'au sieur Darés,
Que nous ne nous voyions de prez:
Cela dit, il ietta par terre
Deux vilains instrumens de guerre,
Deux Cestes, mal plaisans à voir,
Plusieurs n'eurent pas le pouuoir
De n'en destourner pas leur faces,
Faisant d'aussy laides grimasses,
Que ceux qui couuers d'vn linceul,
Pensent la nuit voir leur Ayeul:
C'estoit de Gantelés semblables
Que des Atletes redoutables ;
L'Atlete le plus redouté :
Erix, deuant qu'estre dompté,
Se combattoit à toute outrance,
Et meutrissioit d'importance ;

H iij

Les gourmeurs , affez imprudens
Pour oƶer luy monftrer les dents.
Darés voyant telles menottes
Se mit du nombre des paignottes ,
Dit , qu'il n'en vouloit point tafter,
Et que ce feroit fe gafter:
Maiftre Æneas prend &) manie
La Machine de fer garnie,
Que fept gros cuirs de bœuf pliez,
De iointures de plomb liez,
Rendent à porter fi pefante,
Que luy mefme s'en efpouuante ,
Luy, qui fort comme vn Turc eftoit:
A quoy le vieillard adiouftoit ;
Et fi vous auiez donc veu celle
Qui gafta d'Erix la ceruelle ,
Vous feriez cent fignes de croix,
Moy-mefme à peine ie le crois,
Moy qui l'ay veu, à la malheure,
Et qui de fouuenir en pleure :
Quand Sire Hercules s'en feruoit,
Non plus de fatigue il auoit
Que s'il eut tenu quelque plume,
Quoy qu'aufsy lourde qu'vn enclume,

Et pesante deux fois autant
Que celle qui vous trouble tant ;
La mesme, dont vostre grand frere
Erix se seruoit d'ordinaire,
Dont depuis i'ay fait des exploits
Desquels le moindre en vaut bien trois,
Lors qu'auec ma vigueur premiere,
I'auois ma valleur toute entiere :
Le Ceste est encore taché
Du sang, &) du cerueau seiché,
Quand Hercule apres mainte touche
Luy fit vn abreuuoir à mouche,
De son Ceste, dont il tacha
Celuy-cy, quand il le toucha :
Ie suis homme sans simagrée
Si vostre grand Darés l'agrée,
Et ne m'en veut iamais de mal,
Ie vas l'estriller en cheual,
Mais si mon Ceste l'espouuante,
S'il trouue l'arme trop pesante,
De laquelle jadis Erix
Des forts à remporté le prix,
Que d'autres Cestes on me donné,
Et ie veux que l'on me chapponne

Si dans deux coups on ne verra,
A qui le Bœuf demeurera ;
Pourueu qu'auec la bonne grace
D'Æneas, la chose se fasse,
Et d'Acestes mon bon Seigneur.
Vous parlés en homme d'honneur,
Dit Æneas : Cà qu'on m'apporte
Deux Cestes d'vne mesme sorte.
Les Cestes furent apportés,
Et par les Experts visités,
Ente llus prit l'vn, Darés l'autre,
Disant tout bas sa Patenostre,
De veoir l'autre tant espaulu,
Ossu, membru, fessu, velu,
D'vne eschine nerueuse & large,
Et d'vne patte faite en targe.
Je deurois me semble auoir dit,
Qu'aisément son corps nud l'on vit,
A cause qu'il auoit bas mise
E^t sa jacquette, & sa chemise,
S^entend, si chemise il auoit,
Car autrement il ne pouuoit
Quitt^er que sa seule iacquette :
Ie suis fort fidelle interprette,

Et

Et quand ie fais obmißion
C'eſt par pure inaduerſion.
Les voila donc preſts à bien faire
Entellus & ſon aduerſaire,
Plantez tous deux ſur leurs ergots
Se faiſant mines de Magots,
(Id eſt) s'entrefaiſans la moüe :
D'abord, & l'vn, & l'autre joüe,
Et comme pour eſcarmoucher
Porte maints coups ſans ſe toucher.
Puis s'eſchauffans dans l'eſcarmouche
L'vn d'eux ſon aduerſaire touche,
Qui faſché d'auoir mal parè
Luy rend le change bien ſerré :
Enfin tout de bon ils ſe taſtent,
Et pluſieurs beaux membres ſe gaſtent,
Darés plus qu'Entellus gaillard.
Entellus plus puiſſant paillard;
Poings auancez, Ceſte en arriere,
Les yeux ardans, la mine fiere,
Ils s'entraſſomment, les grands fous,
D'vne grande ſomme de coups :
Leurs poulmons reſpirans à peine
A tous deux font groſſir l'haleine,

I

Et leurs membres nuds palpiter ;
Tantost vn coup les fait rotter
Appliqué sur le Diaphragme,
Et vomir du sang vne dragme.
Tantost l'vn d'eux n'attrappe rien,
Dont l'autre se trouue fort bien.
A l'vn le ventre frappé sonne,
A l'autre la teste s'estonne,
Ou pour mieux dire sa raison,
Du coup qui frappe sa maison :
Maints coups perdus frisent l'aureille :
Enfin, ils font tous deux merueille.
Darés faisant, maint, & maint saut,
L'intrepide Entellus assaut
Qui n'a recours qu'à la parade,
Sans reculler à la gourmade,
L'œil fiché sur son ennemy
Et sur ses pieds bien affermy :
Son homme le tourne, & regarde,
Pour trouuer vn membre hors de garde
Sur lequel il puisse donner.
Quand on le voit ainsi tourner
On se represente vne place,
De qui le mur, par tout fait face,

TRAVESTY.

Que l'on tourne pour deſcouurir
Par où le mur ſe peut ouurir;
Et contre lequel l'aduerſaire
Ne fait pourtant que de l'eau claire, &
Et ne s'eſt ayant bien tourné
Que beaucoup de peine donné.
Sur Darés qui tel aſſaut liure
Vn coup peſant plus d'vne liure
Par Entellus fut deſſerré;
Ce grand coup ne fut point paré,
Mais eſquiué, dont le bon homme
Ne trouuant rien, treſbucha comme
On voit treſbucher bien ſouuent
Vn Pin eſbranlé par le vent.
Entellus donc, en groſſe beſte,
Treſbucha de cul & de teſte,
Et ſon Dieu Iuppin renia;
Sur ſa cheute on ſe r'eſcria,
Aſſauoir le Peuple de Troye,
D'exultation & de joye,
Le Sicilien bien faſché
Du bon Entellus treſbuché.
Æneas, & le braue Aceſte
Y furent deuant tout le reſte,

I ij

Acestes leuant son amy,
Qui iuroit en diable & demy,
Se mit tout bas à le semondre ;
Il ne daigna pas luy respondre,
Ny mesme à Messire Æneas
Qui luy faisoit de beaux helas !
Quoy qu'en son ame le beau Sire,
Fut moins prés à pleurer qu'à rire,
Comme on ne peut s'en empescher
Quand on voit quelqu'vn tresbucher.
Ayant bien rajusté son Ceste,
Il fit retirer Maistre Aceste,
De sa cheute plus qu'enragé,
Quoy que par elle encouragé,
Et sachant bien en conscience,
Qu'auec plus d'heur que de science,
Darés qui faisoit l'entendu
L'auoit veu par terre estendu :
Leué, donc & remis en place,
Rage au cœur, rougeur à la face,
De n'auoir jusques là fait rien
De sa valleur qu'il cognoist bien ;
Il monstra ce qu'il sçauoit faire :
Oncq ne fut plus rude aduersaire ;

Darés fut tout eſpouuanté
Des coups de ce reſuſcité,
Et n'eut recours qu'à la parade;
L'autre, gourmade, ſur gourmade,
Vous le pouſſe de coing en coing ;
Et l'aſſomme de coups de poing;
Ses coups tombent dru comme greſle,
Darés a peur qu'on ne luy feſle
L'habitacle de la raiſon,
Quoy qu'il en ait moins qu'vn Oyſon:
Il eſt pres de demander lettre,
Ne ſçachant en quel lieu ſe mettre,
A couuert d'vn Ceſte ſi lourd ;
Le vieil Entellus fait le ſourd,
Trauaillant ſur luy de plus belle
A donner jour à ſa ceruelle :
Darés eſtoit tout eſſouflé,
Le viſage de coups enflé,
Pres de donner du neʒ en terre :
Quand Æneas vint à grand erre
Se mettre entre les combattans ;
Certes il y vint bien à temps,
Car de la premiere taloche,
Sur eſtomach, ou ſur caboche,

Darés alloit eſtre acheué;
Le poing eſtoit deſia leué,
Quand Æneas auec Aceſte,
De ce rude joüeur de Ceſte ,
Qui ne faiſoit point de quartier
Vinrent le cœur dulcifier.
Daignez ne paſſer pas plus outre,
Homme au poing lourd, comme vne poutre;
Vne autre fois noſtre Darés
N'approchera pas de ſi prés
Vn de qui les coups peuuent moudre
Vne Roche, & la mettre en poudre,
Et par qui ſeroit aſſommé
Vn Elefant, fut il armé.
A ces mots, le donne gourmade,
Deuint doux comme caſtonnade ;
Tant Æneas eut de credit :
Soit fait, comme vous auez dit,
Et la noyſe ſoit terminée ,
Dit Entellus : Lors Maiſtre Ænée,
Deuers le battu ſe tournant ,
Sur pieds à peine ſe tenant ;
Il luy fit, ſi i'en ay memoire ;
Cette leçon conſolatoire ,

Le souftenant de ses deux bras ,
Il falloit, mauuais Fierabras ,
Il falloit connoiftre son homme ,
Deuant que de s'y frotter, comme
Vous auez fait contre celuy
Qui vous deftruifoit aujourd'huy ,
S'il n'eftoit aufly debonnaire,
Qu'il eft inuincible aduerfaire ;
Ne fentez vous pas en fa main ,
Quelque chofe de plus qu'humain,
Et que quelque Dieu le protege :
Allez mon beau gourmeur de nege ,
Vous faire viftement panfer ,
Et tafchez de n'y plus penfer.
A ce difcours , le pauure drofle ,
Le chef tout penchant fur l'efpaulle,
Les yeux pochez au beurre noir,
Luy dit tout bas , iufqu'au reuoir :
Il n'en pût dire dauantage ,
Et mefme n'eut pas le courage ,
De porter la main à fes dens ,
Pour voir s'il en reftoit dedans ;
Sa barbe eftoit toute rougie ,
D'vne piteufe emorragie ,

Et son nez de coups escaché,
Se vuidoit sans estre mouché.

Les Troyens vinrent, qui le prirent,
Et le prenant tel mal luy firent,
Car son corps estoit tout meurdry,
Qu'il fit vn pitoyable cry :
Le Coustelas , & la Salade
Tinrent compagnie au malade,
Pour consoler son nez cassé ;
- Et le Bœuf du prix fut laissé,
Pour la recompense d'Entelle ,
Qui fit vne harangue telle ,
Enflé d'orgueil , comme vn crapaut,
D'auoir conquis à ce ieu chaut ,
Vn Bœuf, qu'on pansoit à l'estrille ,
Comme vn Bœuf de bonne famille.
O vous Troyens, ieunes & vieux,
De nostre victoire enuieux ;
Venez voir, ce que ie sçay faire,
Venez voir, à quel aduersaire ,
Vous auez Darés desrobé ,
Et comment il estoit flambé ,
Si vous n'eußiez à nostre patte,
Soustraict , son debile omoplatte :

Cela

Cela dit, de son poing serré,
Un coup par luy fut desserré
Entre les cornes de la beste ;
Ce coup entra dedans sa teste,
D'où sortit vn ample ceruceau,
Et de sang, la valleur d'vn sceau ;
Et le Bœuf, sans ceremonie,
Au monde fauça compagnie.
Puis il dit, d'vn cœur tout contrit,
Et recueilly dans son esprit,
Regardant la voute atcrée,
D'vne façon toute esplorée,
Ces mots, Erix mon cher Seigneur,
Ie t'offre du bon de mon cœur ;
Pour Darés, à qui ie pardonne,
Ce Bœuf, tres honeste personne.
Sur cette action d'Entellus,
Les assistans, qui moins, qui plus,
Firent vne grande huée,
Qui fut long-temps continuée ;
Dont Ænée estant ennuyé,
Cria tout haut, c'est trop crié,
Ie suis las d'ouyr tousiours braire ;
I'aymerois mieux auoir affaire

K

Aux fous des petites Maisons,
Qu'à tant de ceruelles d'oysons,
Qui n'ont iugement, ny science.
Ayant fait faire ainsi silence ;
Il dit, Vienne qui sçait tirer:
Lors on vit de l'estuy tirer
Maint Arc,comme de maintè trousse,
Sortit mainte fleche non mousse.
Apres que maints bons compagnons
Se furent mis en rangs d'oignons,
D'Iulus le reuerend Pere,
Fit dresser vn mas de Gallere,
Ayant fait au bout attacher,
Deuant qu'en terre le ficher,
Auec vne longue ficelle,
Ramier, Pigeon ou Tourterelle ;
Il n'importe ce que ce fut,
Pourueu qu'on arriue à son but,
Facilement on se dispence,
Quand petite est la consequence.
Puis apres au sort on tira,
Dont maint visage s'altera,
Et d'espanouy deuint sombre ;
De peur de n'estre pas du nombre

De ceux qui deuoient de droit fil
Tirer deſſur le volatil.
Maiſtre Æneas en choiſit quatre,
Qui deuoient eſſayer d'abattre,
Par vn coup de traiĉt deſcoché
L'oyſeau ſur le mas attaché.
De gibier vn grand homicide,
Dit Hippocoon Hyrtacide,
Fut le premier eſleu du ſort,
Ce qui le reſiouït bien fort:
Le ſecond fut, Maiſtre Mneſtée,
La teſte encore garrotée,
Du rameau d'Oliue emporté,
Pour auoir bon vogueur eſté;
Dequoy ie ne veux plus rien dire,
Puis que deſia l'on l'a deu lire:
Maiſtre Eurition fut le tiers,
Phœnix des Arbaleſtriers,
Frere cadet de feu Pandare,
Des grands tireurs d'arc le plus rare,
Qui ſçeut à propos ſecourir,
Pâris, qui s'en alloit mourir,
Sous les coups de ſon aduerſaire,
Qui quartier ne luy vouloit faire,

Dont les Grecs estoient esbaudis,
Et les Troyens bien estourdis ;
Quand à propos le sieur Pandare
Prenant son Arc sans dire gare,
En donna tout droit dans le cû,
De Menelaüs le cocu :
Surquoy les deux os se meslerent,
Et les champions separerent.
Le quatriesme, & dernier fut
Le vieil Aceste, qui voulut,
Auec toute cette jeunesse,
Contester de force & d'adresse.
Ces Arbalestriers esleus,
Banderent de leurs bras velus,
Leurs Arcs mortiferes Machines,
Non sans se roydir les eschines.
Hippoon le premier d'eux,
Addressant au Ciel mille vœux,
Qui jusques là ne penetrerent,
Mais en beau chemin demeurerent;
Frappa d'vn traict le bout du Mas,
Plus haut, il eut donné moins bas :
La beste volante effrayée,
Voulut s'enuoler, mais liée,

En l'air elle se debattit ,
Et voila tout ce qu'elle fit.
Tandis qu'au bout de la ficelle,
Dans l'air elle hache de l'aisle ;
Mnesteüs tire , & de son traict ,
Coupe la corde , & lors Dieu sçait ,
Si la pauurette en fut faschée ;
Et si se sentant destachée ,
Elle ne doubla point le pas :
Ha! tout beau , ie n'y pense-pas ;
Ie veux dire prit sa vollée ,
S'en estant donc dans l'air allée.
Erytion le franc Archer ,
Deuant que son traict descocher ,
Fit à son frere vne priere ,
Laquelle il receut toute entiere :
Tandis que le pauure animal ,
S'enfuit , ne songeant à nul mal ;
Vn coup qui le prit en croupiere ,
Le fit reuenir en arriere ,
Et son beau vol interrompit ,
Ce qui luy fit bien du despit ;
La pauure beste transpercée ,
Ayant sa vie en l'air laissée ,

Tomba comme eut fait vn caillou,
Sans peur de se rompre le cou.
Qui fut camus, ce fut Aceste,
Voyant que pour luy rien ne reste,
Et qu'il faut, s'il veut descocher,
Qu'il aille ailleurs vn prix chercher:
Mais le facetieux bon homme,
Ne laissa pas de tirer, comme,
S'il eut tiré dessur l'Oyseau:
Et lors vn prodige noüueau,
Estonna toute l'assemblée.
Aussy-tost que la fleche aislée
De l'arc qu'il deslascha partit,
En flame elle se conuertit,
Et ressemblant vne fusee,
Ou quelque couleuure embrazée,
Ou comme nostre autheur dit mieux,
Vne estoille aux crins radieux ;
Elle se guinda dans l'air persé,
Comme vn feu qui du cristal perce ;
Puis elle se perdit en l'air,
Cessant de viure, & de voller.
Sur cette bizarre auanture,
Chacun fit mainte coniecture ;

Maints Deuins entouziasmez,
Se firent par là renommez,
Predisans choses merueilleuses,
Qui pourtant estoient bien douteuses:
Les redoutables Phrygiens,
Comme aussy les Tynacriens,
Enfin, tous ceux de l'assemblée,
En eurent la teste troublée :
Ænée en fit vn grand can-can,
Et se destachant vn carcan,
Qui luy pendoit dessus la gorge,
Ou le noir Dragon de Saint George,
En vne Agathe estoit graué,
D'vn coup de lance, l'œil creué:
Il s'approcha du pere Aceste,
En luy disant, ie vous proteste,
Qu'onc ne fut Archer plus adroit,
Sans l'auoir veu qui le croiroit,
Que vous eussiez peu d'vne fleche,
Faire feu, comme d'vne meche:
Vrayment, ou ie n'y connois rien,
Ou Iupiter vous veut du bien,
Quant est de moy ie vous reuere,
Autant que i'ay fait feu mon Pere,

Ie dirois que ma mere auſſy,
Mais ce ſeroit mentir ainſi :
Que ſi les prix ſont pour les autres,
Vous aurez quelques preſens noſtres;
Pour vous faire oublier le tort,
Que vous a fait icy le ſort.
Cela dit, de fort bonne grace ,
Et du carcan, & d'vne taſſe,
Ioyau maſſif, & bien peſant,
Il luy fit vn fort beau preſent.
Cette taſſe bien trauaillée,
Auoit iadis eſté baillée
Au Pere de noſtre Æneas,
Qui d'icelle faiſoit grand cas,
Par le bon Tracien Ciſſée;
Cette taſſe eſtoit rehauſſée
D'eſmail fin, qui repreſentoit,
Bacchus , Dieu du vin qui rottoit.
Puis apres de branche d'Oliue,
Faiſant ſigne qu'on criaſt, viue
Il couronna ſon chef chenu,
Que d'ordinaire il auoit nû.
Eurytion ſans repugnance,
Laiſſa donner par preferance,

Le premier prix qu'il meritoit,
Comme tres ciuil qu'il estoit ;
Tres largement de Maistre Enée,
Son adresse fut guerdonnée.
Mnesteüs eut aussi son don,
Et l'Hyrtacide Hippocoon.
Apres l'adroitte tirerie,
Vint la noble Cheuallerie :
Epitides fut appellé,
Grand vieillard, au menton pellé,
D'Ascanius le Pedagogue,
Homme austere, à mine de dogue,
Mais Docteur des plus estimez,
Et grand faiseur de bouts-rimez,
Natif de Rion en Auuergne ;
Quoy qu'incommodé d'vne hergne,
Vn tres deliberé vieillard,
Et des hommes le plus raillard :
Aussi-tost qu'il fut en presence,
Il fit des mieux la reuerence,
Comme il en faisoit grand debit ;
Puis, Messire Æneas luy dit,
Epitides, ma geniture,
A telle apresté sa monture ?

L

Et nos ieunes gallefretiers ,
Ont ils apreſté leurs courſiers ?
Pour monſtrer par maint caracolle ,
Qu'ils ſont ſortis de bonne eſcolle ;
Va t'en donc viſte les querir.
Lors Epitides , de courir ;
Ce vieillard à la cuiſſe ſeiche ,
Eſtoit viſte comme vne fleche ,
Et ſautoit trente pieds d'vn ſaut ,
Il fut donc reuenu bien toſt ,
Suiuy de maint petit Saint George ,
Tous guais, côme pourceaux en l'orge ,
Et leurs cheuaux enharnachez ,
De force rubans attachez :
On ne vit iamais plus beau monde ,
Chacun d'eux auoit vne fronde ,
Non pas pour fronder des Arretz ,
Mais des pierres, cailloux , & grez ,
Les vns auoient l'arc , & la fleche ,
(Car d'engins à reſſort , ou meche ,
Qu'on appelle inſtrumens à feu
En ce temps-là l'on vſoit peu.)
Les autres d'vne lance guaye ,
Ou d'vne picque de Biſcaye ;

Difons pluftoft de tous les deux,
Pour tenir les gens moins douteux,
Auoient leur patte droicte armée
Et leur tefte toute emplumée,
Comme leur col eftoit paré
De collier de laitton doré.
Sous trois fort iollis Capitaines,
En juft'aucorps de tiretaines ;
Furent formez trois efcadrons,
Le premier, fraifes à godrons,
Le fecond, teftieres Angloifes,
Et le tiers, cappes Bearnoifes,
Rendoïet pour mieux garder leur rãgs
Les vns des autres differens.
L'vn des chefs de ces gens d'elite,
Eftoit fils du pauure Polite,
Le ieune fils de Priamus,
Qu'affomma Neoptolemus.
Jl montoit en chauffes de page,
Vn fort beau cheual de bagage :
Mais pourtant qu'on auoit dreffé,
Et qui franchiffoit vn foffé,
Auffy large qu'vne riuiere,
Comme vn autre eut fait vne orniere

Le second chef estoit Atis,
Pour qui d'amoureux appetis,
Ascanius le fils d'Ænée,
Avoit la raison fascinée,
Estant de cèt Atis si fou,
Qu'il l'avoit tousiours à son cou.
Le sieur Maron, de sa monture,
Ne nous fait aucune peinture;
Mais sans doute il estoit monté
En homme de sa qualité.
Le plus beau de tous fut Ascaigne,
Son cheval, couleur de chastaigne,
Le meilleur cheval de Sidon,
Estoit vn present de Didon.
Ce cheval estoit vne beste
Propre à paroistre vn iour de Feste;
Qui faisoit le saut de bellier,
Et duquel souuent cauallier,
Sans le secours de la crinniere,
Tomboit la teste la premiere;
Mais tant fut il mauuais cheval,
Courant à mont, ou bien à val:
Quand il eut fait le Diable à quatre,
Il n'eust peu nostre Iule abbatre;

TRAVESTY.

Sçauant du pied, & de la main,
Comme vn creat de Benjamain ;
Ou d'autre chef d'Academie,
Qu'icy ie n'allegueray mie.
Pour les autres icunes cadetz,
Acestes fournit des bidetz,
Et mainte Iument poulliniere,
Que les Poullains suiuoient derriere.
Les Troyens frapperent des mains,
Voyans les fils de leurs germains,
De leurs cousins, de leurs cousines,
De leurs voisins, de leurs voisines,
Et quelques vns aussy des leurs
Habillez en petits Seigneurs,
Et parés en coureurs de bague,
Sur les reins coutelas ou dague ;
Iis reconneurent dans leurs traits
De leurs amis morts les portraits ;
Quoy qu'en leurs visages la crainte
En couleur pasle fut dépeinte,
A cause qu'ils s'espouuantoient
De leurs cheuaux qui trop sautoient:
A la fin, ils se rasseurerent,
Et dans leurs selles s'ajusterent.

L iij

Epitide vn foüet claqua,
Le clac dupliqua, triplica :
Auſſy-toſt, enſemble ils partirent,
En vn eſcadron, qu'ils deffirent ;
Se ſeparans en pelottons,
S'eſcrimerent de leurs baſtons ;
Les vns tournerent les eſpaulles,
Que les autres à coups de gaulles,
Careſſerent aſſez long-temps,
Les battus, deuinrent battans ;
Puis ayant ceſſé de ſe battre,
Se mirent tous, qui quatre à quatre,
Qui trois à trois, qui deux à deux,
Et firent entr'eux mille jeux,
A courbettes, & capriolles ;
Puis apres maintes caracolles,
Ils pouſſerent tous leurs courſiers,
Ayant le deuant les premiers,
Comme les derniers, le derriere,
Faiſant quantité de pouſſiere.
Tous ces tours, & tous ces deſtours
Les vns longs, & les autres cours,
Repreſentoient le labyrinte,
Que pour celle qui fut enceinte,

TRAVESTY.

Du fait d'vn gros vilain Taureau,
Par vn artifice nouueau ;
Mais pour vn deſſein beaucoup ſalle,
Inuenta le fameux Dedale ;
Du grand Roy Minos charpentier,
Et des plus experts du meſtier:
Force murailles tournoyantes,
Et forces routes fouruoyantes ;
Par des deſtours entre-laſſez,
Embaraſſoient les mieux ſenſez,
Qui ne connoiſſoient plus leur voye.
Ainſi ces jouuenceaux de Troye
Pouſſans leurs animaux en rond
Puis apres les pouſſans en long,
Rompans, & puis doublans leurs files
Ainſi que les Dauphins agiles,
Dans la mer Libyque ſouuent,
Alors qu'il ne fait point de vent
Font entr'eux mille ſingeries,
Ou bien pluſtoſt Dauphineries ;
Ainſi, dis-je, ces jouuenceaux
Firent voir mille ieux nouueàux,
Que le fondateur d'Albe, Iule
Recommanda par vne Byle,

A ses descendans des Albains
De qui les tiennent les Romains;
Qui depuis auec grande ioye
En l'honneur du peuple de Troye,
(Vraye action de gens de bien)
Ont appellé ce ieu Troyen,
Qu'à grans frais à l'honneur d'Anchise
Rome tous les ans solennise.
Mais tandis que Maistre Æneas
S'amuse à tous ces beaux esbats:
Madamoiselle la Fortune
Qui tousiours luy porte rancune,
Luy iouë vn tour de son mestier
Qui le va bien faire crier :
Iunon plus meschante qu'vn page,
A sa faiseuse de message,
Iris qu'on appelle Arc en Ciel
Parla, le cœur rempli de fiel,
Vn petit moment à l'aureille ;
Aussi-tost Iris s'appareille,
Et quittant toutes ses couleurs,
Dont, quand les Auteurs font des leurs;
(C'est à dire quand ils s'esgayent,
Et de force bayes nous payent)

Nous

Nous font cent contes violets ,
Enfans de leurs efprits follets.
Cette Dame port'ambaffade ,
Le long de l'admirable Arcade ,
Que l'on voit quelque-fois dans l'air,
Se laiffa bien & beau couler,
La feffe fort bien reueftuë ;
Car gliffant à bride abbatuë ,
Elle auroit eu corrofion,
Par la trop longue friction ,
Et s'auroit fait mal à la crouppe :
Eftant donc ainfi, vent en pouppe ,
Defcenduë au trauers des airs
Auec vn deffein fort peruers ;
Sur la riue Tynacrienne
Elle vit la flotte Troyenne ,
Et tout le peuple Phrygien,
Qui lors ne s'enqueftoit de rien ,
Et qui laiffoit fur fa parolle ,
La flotte au port ; action folle :
Leurs femmes faifoient bande à part,
Se tenans loing d'eux à l'efcart,
Et faifant fur la mort d'Anchife ,
Comme on dit, vne mine grife,

M

Non sans pester de leurs malheurs,
Auec grands cris, auec grands pleurs,
Serons-nous touſiours deſſus l'onde,
Et le rebut de tout le monde ?
Diſoient les vnes en pleurant ;
Les autres diſoient, en iurant,
N'aurons-nous iamais vne Ville ?
Et noſtre Æneas tant habille,
Ne veut il jamais s'arreſter
Sans nous faire touſiours trotter?
Iris voyant tant de murmure,
Quitta ſa Diuine figure,
Et ſe traueſtit à l'inſtant,
Prenant vn corps tout tremblottant,
Baſton en main, aux yeux beſicle,
Et ſe fit femme de Dorycle,
Vieille barbuë, & qui contoit,
Cent ans, & point ne radottoit ;
Ains eſtoit femme bien ſensée,
Quoy que de vieilleſſe caſſee.
A propos, j'auois oublié
Qu'elle s'appelloit Beroé,
De famille fort ancienne,
Et de nation Rhoetienne.

La meschante Deesse Iris,
Ayant donc cette forme pris,
Se mit piteusement à dire,
Ces mots, qui ne sont pas pour rire,
Pauures gens qui vos iours passez
Sur des vaisseaux demy-cassez :
Pauures femmes, pauures coureuses,
Serez vous tousiours malheureuses ?
O ! que bien moins vous le seriez,
Si deuant vos murs vous auiez
Esté par les mains des Dolopes,
Mises au Royaume des taupes :
Au lieu qu'estre tousiours en mer,
A mourir de faim, à ramer,
Loing du benoist plancher des Vaches,
Tristes habitans de Pataches,
Où les punaises & les pous,
Ont fort peu de respect pour nous,
Est vne vie infortunée,
Autant que d'vne ame damnée :
Sept ans sont passez peu s'en faut,
Que souffrant le froid, & le chaut,
Battus de vents, & de tempestes,
Conduits par le nez comme bestes,

M i,

Nous cherchons le pays Latin,
Que promet, dit-on , le Deſtin,
A noſtre maudit Capitaine ,
En euſt il la fiévre quartaine ;
Et ſans nous tourmenter ainſi ,
Que ne demeurons nous icy?
Et qui nous empeſche de faire
Au pays d'Erix noſtre frere,
Et d'Aceſte noſtre Parent,
Qui nous ſeruira de garant,
Vne belle ville murée,
De nous ſi long-temps deſirée,
Où nous paſſerons mieux le temps
Que parmy les vents inconſtans.
O! nos Dieux de noſtre Patrie,
En vain ſauuez de la furie
De nos ennemis meurtriers ,
Pour deuenir des Nautonniers :
N'aurons-nous donc jamais la joye
De voir vne nouuelle Troye:
Symois , ſejour des Plongeons,
Et Xante fertille en Gougeons.
Ha! bruſlons nos nefs comme paille,
Qui ne vallent plus rien qui vaille ;

I'ay veu cette nuict en dormant,
Caſſandre vne torche allumant;
Et qui me diſoit, Qu'en Sicille,
Nous deuions choiſir domicille;
Et que c'eſtoit viure en Oyſons,
Au lieu d'habiter des maiſons,
D'eſtre touſiours en des Nacelles,
Nageans touſiours comme Sarcelles,
Et cent autres oyſeaux de Mer,
Qu'il n'eſt pas beſoing de nommer.
Bruſlons donc nos vaiſſeaux, vous dis-je,
Apres prodige, ſur prodige;
Faiſons de nos nefs du charbon,
Ou n'attendons plus rien de bon,
Du Ciel, mais querelle, & rancune:
Voila quatre Autels de Neptune,
Couuers de feu ſuffiſamment,
Pour faire vn bel embraʒement :
Allons donc ma chere Brigade,
Allons trauailler en grillade;
Et pour prendre congé des Eaux,
Mettons le feu dans nos vaiſſeaux.
Cela dit, la bruſlante Dame,
Prit vn gros tiſon plein de flame,

Pour commencer l'acte inhumain ;
Ce tison partant de sa main
Prit le chemin des nefs de Troye,
Pour faire vn feu, non pas de joye :
Les Dames de ce coup hardy,
Eurent l'esprit bien estourdy,
Et leurs yeux quasi s'en fendirent,
Tant alors elles les ouurirent
Sur cette meschante action,
En signe d'admiration.
Vne d'entre elles, fille antique,
Autant qu'vne vieille rubrique,
Vne parfaite Virago,
Qui s'appelloit Dame Pyrgo ;
Quoy que d'humeur vn peu fascheuse,
Sur la famille tant nombreuse,
Du pauure Priam ruyné,
Elle auoit long-temps dominé ;
Comme nourrice, & gouuernante,
Elle estoit fameuse Pedante,
Qui cent fois fouetta pour rien
Les filles du Roy Phrygien :
Cette venerable antiquaille,
D'vn ton de chatte qui criaille ;

Quand Iris lança le tison,
Allongeant vn grand col d'Oyson,
Profera ces mesmes parolles,
N'estes vous pas de grandes folles
De croire que c'est Beroé ?
Le personnage est bien joüé;
Mais fort peu souuent ie m'abuse,
Et quoy que ie sois bien camuse,
Ie trouue icy bien du qu'as-tu,
Autant que feroit nez pointu ;
La Beroé gist dans sa chambre,
Souffrant du mal en chaque membre ;
Outre, vn fort grand desuoyement,
Qui la fait iurer diablement,
De n'estre pas comme les autres,
A reciter des patenostres,
Et Requiescat in pace,
Pour Maistre Anchise trespassé.
Pour celle-cy, la malle-peste,
C'est vn donzelle celeste ;
Son gousset sent le romarin,
Remarquez bien son air diuin,
Son visage, son encouleure,
Son ton de voix, & son alleure.

Ainſi Dame Pyrgo parla,
Dont depuis tout fort mal alla.
Cette harangue ſuaſoire,
Fut d'abord difficile à croire ;
Les biens promis parle Deſtin
Dans le joly païs Latin
Les rendoient vn peu retenües :
Et les tempeſtes ſouſtenües
Ne les perſuadoient pas peu
De mettre leurs vaiſſeaux en feu :
Elles ne ſçauoient donc que faire;
Mais Iris pour finir l'affaire,
Soudain ſe deſberoïza ,
Sa forme re Diuiniza:
Fit voir ſon arc dans vne nuë ,
Et de ſes aiſles ſouſtenuë,
Fut veuë aſſez long-temps voler ,
Puis apres ſe perdit dans l'air.
Il n'en fallut pas dauantage ,
Les Troyennes pleines de rage,
Sans faire aucun raiſonnement ,
Hurlant Diaboliquement,
Ainſi que font les poſſedées,
De leur ſeule fureur guidées ,

A iiij

Au grand mespris des Immortels,
Saccagerent les quatre Autels,
Du venerable Dieu Neptune,
Chacune endiablée, & chacune,
Et du Destin, & d'Æneas,
Ne faisant que fort peu de cas.
Par ces femmes de feux armées,
Furent aussi-tost enflamées:
Les pauures Galleres du Port;
Le feu courant de bort, en bort,
Des cordes humides, & seiches,
Fait en moins de rien mille meches;
Deuore le haut, & le bas,
Gaigne les Voilles, & le Mas,
Par mille flames qu'il enuoye,
Qui se font par tout claire voye.
Bref tout le bois, tant peint, que non,
Deuint en peu de temps charbon;
Et les Galleres de flottantes,
Deuiennent Galleres ardentes.
Eumelus courut à grands pas
Faire sçauoir ce piteux cas;
La nouuelle fut bien-tost creuë,
Car la flame s'estant accruë,

N

De bien loing paroiſſoit dans l'air,
Faiſant eſtincelles voller.
Chacun courut vers le riuage ;
Aſcanius eut l'aduantage,
A cauſe de ſon bon courſier,
D'arriuer tout le fin premier.
O caroignes que Dieu confonde !
Les plus mal faiſantes du monde,
Qu'on deuroit aſſommer de coups,
Cria t'il, que Diable auez vous ?
De bruſler nos vaiſſeaux, & faire,
Pis que le Gregeois aduerſaire,
Qui n'a bruſlé que nos maiſons ;
Où trouuerez vous des raiſons
Pour vne trahiſon ſi noire ?
Et qui jamais la pourra croire ?
Vous auez bruſlé voſtre eſpoir,
Vieilles gaupes à l'eſprit noir ;
Qui meritez d'eſtre bernées,
Et dos-& ventre baſtonnées :
En courant icy comme vn fou,
I'ay penſé me rompre le cou ;
Et pour ce beau feu d'artifice,
I'ay laiſſé là mon exercice.

Ayant dit tout cela, d'vn ton,
D'aueugle qui pert son baston ;
Il jetta par terre son Casque.
Æneas courant comme vn Basque,
Arriua là tout forcené ,
De ses Troyens enuironné ;
Quand il vit de prés le desordre ,
Il se mit ses deux mains à mordre ;
Criant, où sont donc ces Putains ?
Où sont ces Demons intestins?
Mais les Caignes, la chose faite,
Auoient sonné pour la retraitte ,
Feignant de s'en aller pisser ,
Et chercherent pour se musser :
Qui quelque Rocher, qui quelque Antre,
Donnant, & la Deesse aü Diantre ,
Et la Iunon qui l'enuoyoit,
Qui peut estre alors en rioit:
Elles n'en faisoient pas de mesme,
Comme leur rage fut extreme ;
Les remors du Prince offencé ,
Les troubla plus qu'on eut pensé.
Iunon n'estant plus dedans elles,
Qui de ses pauures Damoiselles,

N ij

Auoient rendu les esprits fous ;
Elles fourerent dans des trous,
Leurs testes foibles les premieres,
Ne montrant rien que les derrieres;
Qui font, comme on sçait, moins honteux,
Que les visages vergoigneux.
Mais à des vaisseaux pleins de braize
Dequoy sert vne synderese,
Puis qu'on n'y fait rien auec l'eau:
Tout y rebrusle de plus beau;
Et malgré l'eau les flames viues
S'attachent aux pieces maßiues;
La flame gaigne pas à pas,
Des endroits hauts, les endroits bas;
L'air s'obscurcit de la fumée
Qu'engendre l'estoupe allumée;
Les flancs des Nefs suent vn peu,
Puis außi-tost font veus en feu;
Qui par vne fureur extreme
Introduit son ennemy mesme,
Et donne vne entrée à la Mer,
Qui fait les Vaisseaux abysmer:
Æneas à cette misere,
S'arrache le poil, desespere,

De voir ce Demon intestin,
Qui de ses Vaisseaux fait festin ;
Et qui si bien brusle, & fricasse,
Que maint corps de Nef est carcasse,
Et maint vaisseau bien attelé,
N'est plus qu'vn peu de bois brusle ;
Voyant que la puissance humaine,
Y perd autant d'eau, que de peine ;
Il deschira, fou qu'il estoit,
Tout le vestement qu'il portoit,
Et lors tout le monde eut la veuë
De sa chair de longs poils pouruеuë ;
Il fit, d'vne mourante voix,
Deux grands Helas! les bras en croix,
Regardant la voûte celeste;
Puis il prononça ce qui reste ;
Iupiter, que i'ayme beaucoup,
Voicy bien du feu pour vn coup,
Et si ce n'est pas feu de joye;
Celuy qui brusla nostre Troye,
A comparer à celuy-cy,
N'estoit qu'vn feu coußi, coußi :
S'il arriue qu'il nous souuienne,
Tant soit peu de la Gent Troyenne ;

Si parmy ce peuple abyſmé,
Quelqu'vn par vous eſt eſtimé:
Plaiſe à voſtre Iupiterie,
Que ce ſoit moy, ie vous en prie,
Et vous ſerez remuneré.
De m'auoir ainſi preferé :
En ſigne de la preference,
Qu'il plaiſe à voſtre Reuerence,
Sur nos pauures Nefs de pleuuoir,
Comme il en a bien le pouuoir ;
A nos affaires deſcouſues,
La liberalité des nues,
Viendra ma foy bien à propos,
De l'eau donc de grace à pleins pots;
Car vous en auez à reuendre,
Et vous ſçauez bien où la prendre.
Helas, quelques fois vous pleuuez !
Toutes les eaux que vous auez,
Et plus qu'on ne vous en demande ;
Quelquefois la pluye eſt ſi grande,
Alors qu'on s'en paſſeroit bien,
Qu'vn chapeau neuf ne dure rien.
Pleuuez donc, ie vous en conjure,
Et pleuuez à bonne meſure,

Jamais l'eau ne fut plus à point:
Si pour nous vous n'en auez point,
Auec voftre Canon celefte,
Exercez vous fur ce qui refte,
A nos Vaiffeaux puluerifez,
Ioignés des corps fulgurifez,
Ou bien fi vous me voulez croire,
Donnez à nos Vaiffeaux à boire;
C'eft ne les obliger pas peu,
Car ils ont le corps tout en feu;
Ou bien pour me reduire en poudre,
Encore vn coup iouez du foudre.
Auffi-toft qu'Æneas eut dit,
Vn deluge d'eau defcendit
Jamais on ne vit telle ondée,
Vne Riuiere defbordée,
N'euft pas plus humecté les Naus,
Que firent du Ciel ces canaus:
On craignit de perir par pluye,
Æneas quafi s'en ennuye,
Quoy qu'vn peu deuant pour l'auoir,
Il eut donné tout fon auoir:
Ie paffe les hardes moüillées,
Les robes de crotte foüillées;

Les chemins deuenus ruiſſeaux ,
Pour vous dire que les Vaiſſeaux,
A meſure qu'ils s'humecterent,
A l'aide de l'eau reſiſterent ,
Au feu, qui l'eau ſi fort craignit ,
Qu'il s'enfuit, ou qu'il s'eſteignit.
De ces Galleres enflamées ,
Fors quatre des-ja conſommées ,
Tout le reſte qui demeura
Facilement ſe repara :
Pour la flame ainſi déconfitte ,
Maiſtre Æneas ne fut pas quitte,
Du chagrin qui luy fait auoir,
L'incertitude de ſçauoir,
S'il doit ſe mettre encore en courſe ,
Pour trouuer à ſes maux reſource ,
Et pour obeïr au Deſtin ,
Apprendre à bien parler Latin ?
Ou ſi dans l'Iſle de Sicille ,
Il choiſira ſon domicille :
Cét ambarras terriblement
Luy trouble tout l'entendement.
Nautés de qui Dame Minerue ,
Met ſouuent la ceruelle en verue ,

                              Grand

Grand desbroüilleur d'vn cas obscur,
Et grand deuineur du futur
Et qui par dessus l'Interprette
Tenoit tant soit peu du Poëte:
Luy dit alors, tranchant le mot
Æneas vous estes vn sot;
Il faut aller busquer fortune,
Et si pour nous elle a rancune,
Il faut la vaincre en endurant
Les Dieux feront le demeurant:
Vous auez du conseil de reste
En vostre bon compere Aceste,
Consultez-le amiablement,
Il vous dira sincerement
Tout ce que là dessus il pense,
Comme vn homme de conscience:
Parlez luy donc sans differer,
Et vous amuser à pleurer.
Pour moy, si vous me voulez croire,
Ie ferois faire vn beau memoire
De ceux qui ne sont bons à rien,
Et retenant les gens de bien,
Ie ferois bastir vne ville
En quelque canton de Sicille,

O

Où ie laiſſerois les Truhans,
Et tous les eſprits remuans
Qui ne ſont bons qu'à ne rien faire ,
Obeïr mal , & touſiours braire,
Les enfans, les femmes ſans dens,
Les malades les vieilles gens ;
Bref toutes perſonnes oyſeuſes
Ainſi que des brebis galleuſes.
Le cher Aceſtes regira
La canaille qu'on laiſſera :
Vne Ville Aceſte nommée
De bonnes murailles fermée
Sera deſormais le taudis
De ſes feineans engourdis :
Et pour vous braue fils d'Anchiſe
De tous ceux qui ſeront de miſe
Qui ſçauront des mieux fourager,
Les Villageois faire enrager,
Piller maiſons, bruſler Villages ,
Faire ſermens de tous eſtages ,
De ceux-là, dis-je , vous ſerez
Le chef, & vous les menerez.
Guerroyer les Peuples du Tibre ,
Riuiere de petit calibre,

Mais qui lorgnera de travers
Tous les fleuues de l'vniuers,
Et sur eux, & sur leurs Nacelles
Aura droit d'imposer gabelles,
Et de les traitter de ruisseaux
Quoy que portans de grands bateaux.
Là finit le Maistre Prophete,
Vn flegme entrant en sa luette
L'empeschant de continuer
Et le faisant esternuer :
Mais pour tout cela Maistre Ænée
Se tourmente en ame damnée
Et n'en n'a pas moins d'embarras :
Il se mit en ses salles draps
Lors que la Nuict, la claire brune,
Pour bien faire honneur à la Lune,
Du Ciel, son frere auoit chassé :
L'esprit donc bien embarassé,
Et se repaissant de chimeres,
Anchises le meilleur des Peres,
Le vint veoir en habit decent,
Car son braue fils connoissant,
Et sçachant bien que le fantosme
Luy causoit aisement symptosme,

Et qu'outre les rats & souris
Il craignoit bien fort les esprits,
Et que lors estant d'humeur sombre
S'il fut venu fait comme vne ombre,
Et contre-faisant le Hibou ,
Æneas fut deuenu fou.
Au sortir de la cheminée :
Il dit, Dieu vous gard maistre Ænée,
Ænée en son lit s'enfonça,
Où de frayeur mesme il pissa,
Comme en vision repentine
Ordinairement on vrine ;
Anchise luy cria , tout beau ,
Æneas retenez vostre eau,
Et tordez bien vostre chemise :
Ie suis vostre bon pere Anchise ;
Pour vous auoir trop bien traicté,
Ie vous ay fait enfant gasté ;
Iupiter qui par vn orage ,
A fini du feu le rauage ,
M'a soigneusement enuoyé,
Pour dans vostre esprit desuoyé
Remettre toute chose en ordre :
On ne sçauroit trouuer à mordre ,

Sur ce que Nautez vous a dit,
A son conseil donnez credit ;
C'est vn conseil tres salutaire :
Ceux qui sçauront bien dire, & faire,
Aillent auecque vous chercher
Les lieux où vous deuez nicher.
Sur les bords bien-heureux du Tibre
Vous trouuerez vn Peuple libre,
Et qui fronde en Diable & demy
Quand il luy vient quelque ennemy :
Mais deuant qu'aller à la guerre,
Il vous faut aller dessous terre
Visiter le Royaume noir
De Messer Pluton le manoir.
Là vous verrez vostre bon Pere,
Qui vous fera fort bonne chere,
Car ie ne suis pas vn damné,
De mille feux enuironné ;
Mais dans les beaux champs Elizées
Où les ames canonisées,
Passent le temps fort plaisamment ;
Ie tiens vn bel appartement.
En ces lieux Madame Sibille,
Que chacun croit comme Euangile,

O iij

Vous menera droict comme vn fil ;
Lors j'exerceray mon babil
Sur voſtre Genealogie,
Que ie ſçay par cœur ſans magie :
Mais vn ombre ne peut tenir,
Contre le jour qui va venir,
Le Soleil leuant qui me lorgne,
M'a rendu quaſi d'vn œil borgne ;
Deuant que l'autre en ait autant,
Ie me retire en clignottant.
Lors ſe perdit Madame l'Ombre,
Dedans l'air encore vn peu ſombre ;
Æneas auec grand effroy,
S'eſcria, Que l'on vienne à moy :
Puis ſa frayeur eſtant paſſée,
Et ſa ongreline endoſſée ;
Il dit, mais il n'eſtoit plus temps,
Mon cher pere ie vous attens ;
Reuenez ie vous en conjure,
Ha ! vous auez l'ame bien dure
De me viſiter pour ſi peu ;
Puis voulant allumer du feu,
Qu'il auoit caché ſous la cendre,
Le bon Seigneur au lieu de prendre

Les pincettes, comme il deuoit,
Il se brusla le maistre doit ;
Et s'escria tout en collere,
Malle-peste du chien de pere,
Et qui me l'a donc ramené
Au grand Diable soit il donné :
Mais aussi-tost le bon Ænée,
Comme il estoit ame bien née,
Du blaspheme se repentit,
Et grande douleur en sentit :
Il tira de son escarcelle
Vn gros d'Encens masle ou femelle,
Puis escrima de l'Encensoir ;
Mais par malheur il fit tout choir,
Et remplit sa chambre de braize,
Ayant donné contre vne chaize :
Puis apres au sel & à l'eau,
Il fit lors le premier tourteau,
Qu'on nomma depuis tallemouze,
Ainsi què Pedans plus de douze
Ont escrit ie ne sçay comment
En vn certain petit Comment :
Cette offrande fut presentée,
A Vesta Deesse édentée,

Car elle a bien quatre mille ans,
Ou cinq mille, si ie ne mens:
Ayant ainsi fait son offrande,
Et chanté certaine legende,
Il chercha ses gens à grands pas,
Qui d'abort ne le creurent pas;
Mais quand vn homme d'honeur iure,
Il faut auoir l'ame bien dure,
Pour ne croire pas son serment,
Ne fut-ce que par compliment:
Ils le creurent donc, comme Aceste,
Que la volonté manifeste,
Des grands Dieux rendit si soufmis,
Qu'il promit tout à ses amis:
Sans s'amuser à la moustarde,
Le bon Maistre Æneas n'eust garde
De laisser ses gens refroidir,
Il fit les faineants choisir,
Les Dames, & les inutiles,
A qui la demeure des Villes,
Plaisoit plus que celles des Nefs,
Des Tantes, Pauillons, & Trefs;
En fin ceux, qui fors bonne chere,
Se plaisoient fort à ne rien faire:

I.

Il retint auec luy les gens
Qu'il connut estre diligens,
Durs au trauail, duits à combattre,
Dont vn seul en eust battu quatre;
Petits en nombre, mais d'vn cœur
Grand & de tous perils vainqueur:
Puis les Nefs furent reparées,
De nouueaux taffetas parées,
De neufs Auirons, & de Mas,
Bref, refaittes de haut en bas.
Æneas gentil personnage,
Qui sçauoit jusqu'à l'arpentage,
Et qui quand il ne l'eust pas sçeu,
En eust tout le secret conçeu:
Bien-tost, telle estoit sa memoire,
Que moy mesme j'ay peine à croire:
Tous les departemens marqua,
Deux Bœufs traisnans vn soc picqua,
Cela veut dire vne charruë,
Designa mainte place, & ruë;
Place à vendre, place à roüer,
Vn ample tripot pour joüer;
Place à part pour les Concubines,
Et de fort superbes latrines.

Acestes tout encouragé
De se voir en Prince erigé;
Fit des loix bonnes ou mauuaises,
Et creá des porteurs de chaises.
Et puis sur le mont Ericin,
A Venus Celeste Putin,
On fit vn Temple magnifique,
Moitié moilon, & moitié brique,
Et pour Anchise au tombeau mis,
Vn braue Prestre fut commis,
Pour psalmodier, & pour faire
Brusler sans cesse vn luminaire :
Outre vn bois qu'on santiffia,
Qu'au mesme Anchise on dédia.
Æneas se mit en desbauche,
Tables à droit, tables à gauche,
Neuf jours durant on festina,
Et les Autels on couronna;
Lors la Mer eut la face gaye,
Le Vent Auster qui la ballaye,
Se reposant sans dire mot,
Et sans enfler le moindre flot ;
Comme il n'est bonne compagnie
Qui ne soit enfin des-vnie;

Il fallut au depart songer,
Et lors ce fut pour enrager ;
Toute cette trouppe effarée,
Qui deuant craignoit la marée :
Ces Rostisseuses de Vaisseaux,
Pleurerent alors comme Veaux ;
Ie deuois dire comme Vaches :
Les faineants, & les gauaches,
Voyant qu'on les laissoit ainsi,
Vouloient monter en mer aussi.
Ænée auec douces parolles ,
Y meslant quelques parabolles ,
Par fois se mettoit à pleurer,
Puis rioit pour les asseurer :
Les bonnes gens pour luy complaire,
Faisoient comme ils luy voyoient faire ;
Tantost rioient, tantost pleuroient,
Sans sçauoir ce qu'ils desiroient ;
Ænée & sa sagesse extreme ,
Ne le sçauoit pas bien luy mesme :
Enfin tous ces gemissemens
Finirent par embrassemens ,
Et seruiteur, & moy le vostre,
Qui se firent de part & d'autre.

P ij

Acestes promit qu'il auroit
Grand soin de ceux qu'on laisseroit.
On fit esgorger quelques bestes,
Vne brebis pour les tempestes,
Et pour Erix le Fierabras,
Trois veaux qui n'estoient pas trop gras.
On fit embarquer tout le monde,
On tira les anchres de l'Onde;
Quand vn chacun fut embarqué,
Æneas s'estant colloqué,
A la proüe, assis à son aise,
Sur vne malle, au lieu de chaise,
De verte Oliue couronné;
Vn pot de vin luy fut donné,
Qu'il versa dans les eaux sallées;
Des quatre bestes immollées,
Les entrailles il répandit,
Dans l'eau, qui point ne les rendit,
Et qui sans doute en fit curée
Aux braues filles de Nerée.
A peine auoit il acheué,
Qu'vn petit vent s'estant leué;
Les rames d'vn temps se hausserent,
Dans l'eau de la Mer se saulserent,

Et se sausant, & desausant,
Le riuage allerent laissant;
D'où les yeux long-temps les suiuirent,
Et maints bonnes gens les benirent.
Lors Venus songeant à son fait
S'ajusta de maint altifet,
Et s'en alla trouuer Neptune
En vne heure fort opportune,
Car rien alors il ne faisoit,
Et tout bonnement s'amusoit;
La Mer estant calme pour l'heure,
Faute d'amusoire meilleure,
A faire en Mer des ricochets:
Vn Triton auec des crochets,
Et quelques fois auec ses pattes,
Luy desroquoit des pierres plates,
D'vn Rocher assis pres de là
Qui ne seruoit rien qu'à cela:
Voyant la Celeste caroigne,
Il abandonna sa besoigne,
Et rebouttonna son pour-point;
Mon Dieu ne vous destournez point
De cét agreable exercice,
Dit, des Gouges l'Jmperatrice,

D'vn ton de voix, doux comme vn luth ;
Apres vn gracieux Salut ,
Ainsi parla le Roy de l'Onde :
Ie ne sçaurois pas bien mon monde ,
Et ie manquerois d'entre-gent ;
Quand ie receurois de l'argent ,
Si ie ne laissois mon ouurage
Lors que Dame de mon lignage ,
Et que j'ayme d'affection
M'honnore de sa vision ,
Quel bon vent icy vous ameine ?
De Iunon l'implacable haine ,
Luy dit elle , qui depuis peu
A mis toute la flotte en feu ,
De mon fils , & dans sa boutade ,
De mon fils mesme eut fait grillade
S'il n'estoit homme à quereller ,
Quiconque le voudroit brusler ;
Chacun en nostre Cour Celeste
Là hayt & fuit comme la peste ,
Et si Iupiter faisoit bien
Il l'estrilleroit comme vn chien ;
Aussi-bien ce n'est qu'vne chienne :
Le sac de la ville Troyenne ;

TRAVESTY.

Le temps qui remedie à tout
N'a point mis sa rancune à bout,
Des loix du sort, la Dame fiere
Se torche souuent le derriere;
Mais Helas vous la connoissez,
Ses faits la descouurent assez:
L'autre jour dans la Mer Lybique,
Ce bon corps à faire relique,
Des vents contre nous se seruit;
Mais vostre Altesse, qui le vit,
Sans sauon laua bien les testes
De ces exciteurs de tempestes,
Et r'enuoya ces soufflancus
Aussi penauts que des cocus,
Qui de leurs femmes euentées,
Dans les lettres interceptées
Trouuent en termes non obscurs,
Qu'ils ont les angles du front durs.
N'ayant rien fait par la tempeste
Elle a voulu la male beste
Acheuer la flotte par feu,
Et vrayement s'en a fallu peu
Si son mary par vne ondée
Fasché que la desuergondée

Nous vint ainsi persecuter,
N'eust fait le dessein auorter.
Sa haine estant si manifeste
Au peu de Vaisseaux qui nous reste,
Malgré son injuste couroux,
Accordez vn temps calme & doux,
Et faites que sur vostre Empire,
Regne seulement le Zephire,
Et pour les fougueux Aquilons ,
Chassez les moy comme felons,
De qui les mauuaises haleines
Causent mille morts inhumaines,
Et tant de gens ont desconfis :
En vn mot , faites que mon fils
Sans qu'aucun malheur le poursuiue,
Sain & sauf sur le Tibre arriue,
Et memoire , à proportion
De si grande obligation
Ie garderay foy de Deesse.
Vous estes sur la Mer Maistresse,
Dit Neptune, auecque raison,
C'est vostre premiere maison,
Comme en estant originaire
Vous y pouuez tout dire, & faire;

                                   I'ay

I'ay souuent traicté de gredins,
De seditieux, de badins:
Les vents dont vous craignez l'haleine
Ne vous en mettez point en peine,
I'auray soing de vostre fan fan
Comme vne biche de son fan.
I'ateste & Symois & Xante,
Alors que la dextre vaillante
D'Achilles fit dessur leurs bords
De corps viuans, force corps morts,
Ce grand fanfaron d'Æacide
Fut alors si grand homicide,
Si cruel, & si scandalleux,
Qu'Agamemnon en fut honteux:
Vostre fils durant la meslée
A ce vaillant fils de Pellée,
Ayant ozé comme vn follet
Prester sottement le collet;
L'autre (outre la faueur Celeste
Qui lors paroissoit manifeste,
Et qui le rendoit tant altier
Qu'il ne faisoit point de quartier,
Ayant vn notable aduantage,)
Quoy qu'esgaux peut estre en courage

Q

Comme il alloit exterminer,
Voſtre Æneas ; pour deſtourner
Ce malheur, qui vous euſt gaſtée,
Ayant vne nuë empruntée ;
Ie ſceus à propos le cacher,
Et lors Achille euſt beau chercher,
Il n'en trouua, ny vent, ny voye,
Et pourtant en ce temps-là, Troye
M'eſtoit vn pays odieux,
Mais ie le fis pour vos beaux yeux,
Et ie ferois bien dauantage :
Maiſtre Æneas aura paſſage,
Et pour entrer & pour ſortir
Dans l'Enfer, ſans y rien patir :
Il faudra perdu dans vn gouffre
Qu'vn ſeul pour tous les autres ſouffre,
Que vainement on cherchera,
Vn ſeul pour pluſieurs payera ;
Mais que voſtre Alteſſe diuine
N'en faſſe pas plus maigre mine.
Et n'en n'ait pas l'eſprit faſché,
C'eſt eſtre quitte à bon marché :
Ayant par ſi belle promeſſe
Remis l'eſprit de la Deeſſe,

A son char gisant pres de là,
Le bon Roy des flots attella
Non des Dauphins comme l'on pense,
Mais selon toute vray semblance,
Deux Hippopotames dressez
De qui les crins estoient tressez,
Et puis sur la campaigne humide
Poussa son char à toute bride.
Si-tost qu'il parut sur la Mer
Ce fut aux flots de se calmer,
Tous les vents plierent bagage
De mesme que fit tout nuage,
Enfin en Mer tout fut changé :
Le bon Seigneur fut cortegé
De maints monstres à face fiere
Qui sortirent teste premiere,
A cheuauchons sur Marsoüins.
Iamais on ne vit tels grouïns,
Ny de plus estranges visages,
Des Baleines de tous corsages
Seringuant de larges ruisseaux
Par les canons de leurs museaux,
Marchoient en fort belle ordonnance,
Et gardant bonne contenance,

Glauque en teste de son troupeau,
En coquille, au lieu de batteau,
Enflant & l'vne, & l'autre jouë ,
D'vne Conque marine jouë:
L'heritier d'Ino , Palemon
Cheuauchoit vn fort beau Saumon:
Six grosses huistres à l'escaille ,
En vn char couuert de roquaille ,
Traisnoient vn ancien Triton
Qui donnoit aux autres le ton
D'vne coquille recourbée,
Sa face estoit toute plombée
Du trop grand effort qu'il faisoit.
Phorque vn escadron conduisoit
Monté sur Dauphins, dont la queuë
Se retroussoit sur l'Onde bleuë:
Thetis à la main gauche estoit
Qu'vne grosse Solle portoit:
Dame Melite estoit juchée
Sur vne Raye enharnachée ;
Et Panopée en vn traisneau
Tiré par vn gros Maquereau
Paroissoit en vraye espousée:
Vn Esturgeon portoit Nesée

Vn Euesque Marin, Spio,
Et Thalie, vne Poulle d'eau :
Et Cymodocé la derniere
Montoit vn Oyseau de riuiere :
Telle fut la procession
De l'aquatique nation.
Æneas voyant la bonace,
Fit vne certaine grimace
Qu'il faisoit ordinairement
Quand il auoit contentement,
De quelque affaire bien douteuse.
La flotte ne fut pas oyseuse,
A profiter du temps serain,
Les Vaisseaux allerent beau train ;
Quand on eut donné tous les voiles
Le vent s'engouffrant dans les toilles,
Donne le loisir aux Forçats
De reposer leurs membres las.
Palinurus le bon Pilotte
Vogue à la teste de la flotte,
S'il tourne à gauche, ou bien à droit,
Chacun le suit, chacun le croit,
A cause qu'il ioint la science
A plusieurs ans d'experience.

Le temps ainſi tout radoucy
Des Vaiſſeaux chaſſoit le ſoucy,
De la venerable chiorme,
Il n'eſt perſonne qui ne dorme
Couchez de leur long ſur les bancs,
Ils donnent relaſche à leurs flancs
Dont ils ont la ſanté troublée
Par la ſecouſſe redoublée,
Et puis l'exceʒ de trauailler
Aide fort à bien ſommeiller :
Tandis que chacun dort & ronfle,
Que le vent tous les voilles gonfle,
Et que les Pilottes pour tous
Exercent leurs yeux de Hibous ;
Vn Dieu leger comme vne plume
Qui dort auſſi fort qu'vne enclume,
Le ſommeil qui reſſemble fort
A ſa ſœur, Madame la Mort,
Qui craint le jour & les chandelles
Et ne fait nul bruit de ſes aiſles,
Qui fait quelque fois prou de bien,
Mais icy qui ne vallut rien,
Et fit vn tour de meſchant homme ;
Ce Dieu diſpenſateur du ſomme

Vint depuis le haut iufqu'en bas
Reffemblant à certain Phorbas
Faire piece au bon Palinure ;
Sous cette traiftreffe figure ,
Le bon Pilotte il approcha ,
Et ce difcours luy defcocha,
D'vne langue auffi dangereufe
Que d'vne befte venimeufe :
Vous dormiriez bien vn petit,
Vous en auez bon appetit;
Dittes moy le vray Palinure ,
Tandis que la bonnace dure ,
Donnez vous vn peu de fommeil,
J'auray jufqu'à voftre réueil
Soin qu'aucun defordre n'arriue.
Quelque ignorant voftre aduis fuiue,
Pour moy ie ne le fuiuray pas
Ce dit-il, au fourbe Phorbas ,
Ayant peine à leuer fa tefte ;
Car alors cette malle-befte
Le follicitoit grandement
De dormir vn petit moment :
Vous n'auez pas trouué voftre homme
De croire que ie faffe vn fomme ,

Et que ie me laisse attraper
Au temps qui ne fait que tromper.
Et que diroit Messire Ænée
Qui m'a sa flotte abandonnée,
Si ie dormois comme vn pourceau
Prés de la mort dans vn Vaisseau?
Chien eschaudé craint la cuisine
Ainsi que ie fais la marine :
Finissant son petit sermon
Il ne quitta point le timon.
Le Sommeil voyant à sa mine
Qu'il auoit esuenté la mine,
Et que contre vn si fin niais
Il falloit vn autre biais,
Auec vn certain dormitoire
De couleur blanche, grise ou noire;
Car on ne l'a iamais bien sçeu,
Il frotta sans estre apperceu
Les temples du pauure Pilotte,
Qui sans plus songer à la flotte
Tomba dormant comme vn pourceau
Tout à plat dessus son Vaisseau,
Et le Sommeil impitoyable
Saisit au corps le miserable,

Et

Et precipita chef premier
Le Timon, & le Timonnier:
Il cria faisant la cascade
A moy Phorbas, cher camarade,
Mais le sommeil se desphorba,
Alors que son homme tomba,
Et voyant qu'il faut qu'il se noye,
A moins de nager comme vn Oye,
Se mit à rire comme vn fou.
Le laissant boire tout son saoul:
Apres l'action meurtriere,
Ce bon-Dieu qui ne valloit guiere,
Sans faire de bruit, secouant
Ses deux aisles de Chathuant,
Se perdit dedans les tenebres,
Ou quantité d'oyseaux funebres,
Qui le suiuent par tout en corps,
L'attendoient comme des recors;
La Nef ainsi depatronnée,
Et mesmement destimonée,
Ne laissa pas d'aller son train,
A cause que le temps serain,
Promis par le pere Neptune
La sauuoit de toute fortune;

R

Certain vent pourtant qui regnoit,
Dans des escueils que l'on craignoit
Fort renommez par les Sirenes,
Dont l'on conte mille fredaines,
La portoit petit à petit;
Quand Messire Æneas sentit,
Ou que son Pilotte estoit yure,
Ou qu'il auoit cessé de viure,
Et si Dieu n'y mettoit la main,
Qu'il estoit en mauuais chemin;
Il s'en alla le cœur en glace
Chercher Palinure en sa place;
Il vit, ô regretz superflus,
Que Palinure n'estoit plus!
Et que luy, Monseigneur son Maistre
S'en alloit aussi cesser d'estre;
Ses Vaisseaux voguoient à tastons,
Ainsi qu'aueugles sans bastons;
Et la periclitante flotte
S'en alloit faire de la sotte,
Et se fracasser à trauers,
De force escueils des flots couuers;
Des-jà le murmure de l'Onde,
En ce lieu là, qui tousiours gronde,

Vn tres-infuportable bruit,
A ceux qui nauigent de nuit,
Le rendoit pafle comme vn linge,
Le front ridé comme vn vieil Singe;
Pelerinages il voüa,
Ie ne fçay pas s'il les paya,
Mais en vne affaire mauuaife,
Ainfi que l'or en la fournaife,
C'eft alors que le bon Seigneur
Se montroit homme de valleur;
Sa Nef ainfi d'eftimonée
Fut par luy fi bien gouuernée,
Et le Seigneur fut tant adroit,
Tournant à gauche, ou bien à droit,
Qu'efloignant le mauuais paffage,
Si commode à faire nauffrage;
Il s'eflargit en pleine Mer,
Non fans vn regret bien amer,
De la perte de fon Pilotte,
Inceffamment il en fanglotte,
Criant, helas mon cher amy!
Pour auoir vn peu trop dormy,
Vous allez feruir de repuë
A quelque Turbot ou Barbuë,

Où sur quelque bord inconnu,
Vous serez exposé tout nû.

FIN DV CINQVIESME LIVRE
du Virgile Trauesty.

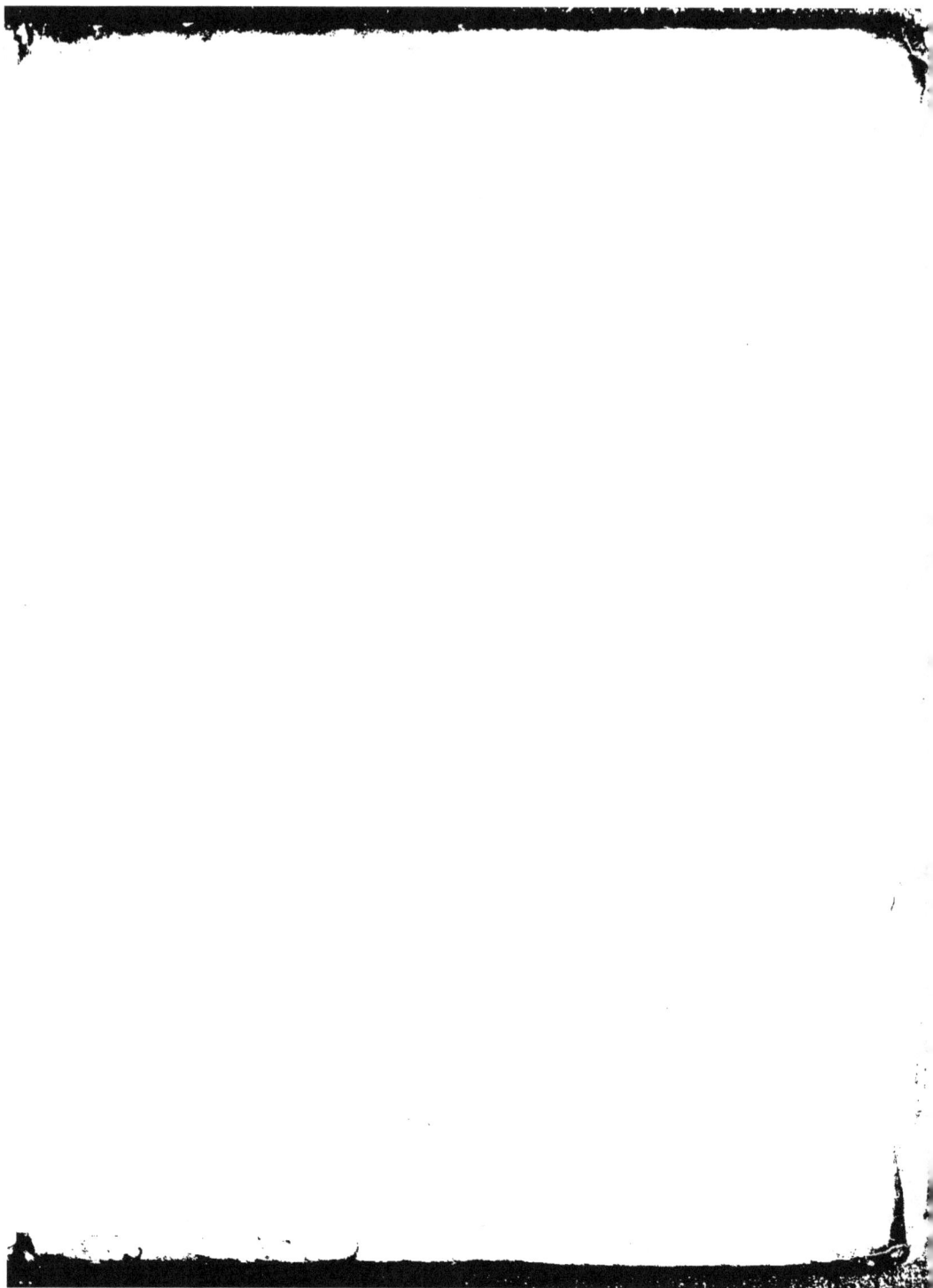